让美成为习惯

敦煌日课

（第2册）

众神召唤

敦煌画院　编著

中信出版集团｜北京

图书在版编目（CIP）数据

敦煌日课：让美成为习惯：全3册 / 敦煌画院编著.
北京：中信出版社, 2025.4. -- ISBN 978-7-5217
-7361-3

Ⅰ. K870.6

中国国家版本馆CIP数据核字第2025NG8499号

图书策划：中信出版·24小时工作室
特约策划：北京小天下
总 策 划：曹萌瑶
策划编辑：蒲晓天
责任编辑：姜雪梅　谭惠芳　王　玲
内容策划：李硕　王津
内容编辑：杨雪枫
图片编辑：赫淼　张楷
营销编辑：生活美学营销组
书籍设计：王贵兰
书　　法：李响
统　　筹：宋琳

敦煌日课：让美成为习惯（全3册）
　　　　　——众神召唤
编 著 者：敦煌画院
出版发行：中信出版集团股份有限公司
　　　　（北京市朝阳区东三环北路 27 号嘉铭中心　邮编 100020）
承 印 者：北京雅昌艺术印刷有限公司

开　　本：720mm×970mm　1/16　印　张：53.25　字　数：819千字
版　　次：2025年4月第1版　印　次：2025年4月第1次印刷
书　　号：ISBN 978-7-5217-7361-3
定　　价：329.00元

版权所有·侵权必究
如有印刷、装订问题，本公司负责调换。
服务热线：400-600-8099
投稿邮箱：author@citicpub.com

《众神召唤》序言

古人的元宇宙，今人的理想国

众所周知，敦煌莫高窟是人类美学殿堂，鲜有人会质疑"敦煌到底美在哪里"。但是当我们看敦煌壁画的时候，往往会有一些与原本认知相差甚大的感受。

- 敦煌壁画斑驳陆离，画面既看不太清，也看不太懂。
- 虽然带着一种说不清的美，但有的地方似乎画得很潦草随意。
- 壁画中的神佛和印象中的神佛相比，有几分熟悉又有几分陌生，到底谁对谁错？

这样的疑虑往往会困扰着初次接触敦煌艺术的你我，那么，作为当代人，应该抱着什么样的认知来欣赏敦煌艺术的美呢？

首先，"壁画"并不是敦煌石窟艺术的唯一主角。

这个看似否定的答案，想必出乎你的意料。人们接触敦煌往往是通过壁画，自然认为大名鼎鼎的"敦煌壁画"就是敦煌石窟艺术的主角（这一点就像我们会误会飞天是敦煌艺术中的主角一样）。

敦煌壁画当然伟大，但作为心性艺术的代表，敦煌之美更在于"空间的沉浸感"。当你进入洞窟中，无论是头顶的藻井纹样，还是脚下的莲花地砖，以及各种洞窟形制都与建筑、壁画不可分割、自然巧妙地联系在一起。

作为古人所创造的早期最具规模的艺术空间，壁画是其中不可分割的一部分。敦煌石窟的美妙之处不仅在于精美绝伦的壁画，更在于这些壁画与彩塑、建筑所组合而成的密不可分的空间。对敦煌艺术的欣赏不应仅停留于对平面壁画的观摩，更应该"沉浸式"体验。

其次，不仅应是眼和身体的沉浸，而且应是"心的沉浸"。

试想当年，一支小型商队经过茫茫的戈壁沙漠，历经各种挫折与磨难将要抵达终点之时，从远处看见了位处沙漠崖壁高处的洞窟。当随意步入其中一间黝黑的洞窟时，他们在昏暗的油灯指引下发现这些洞窟的墙壁上不留一点空白，皆是飞天和花朵，体现着天国的富丽堂皇；所持灯光照耀之处，皆是极为精美的壁画与千佛。

在此境遇下，即使是精明的商人，在与佛像进行眼神交流的瞬间，心境也会受到极大震撼，从而放下得失计算，跪下祈求佛祖的保佑，或许就此终身成为一名虔诚的供养人。

敦煌艺术的主人公到底是谁？

敦煌艺术的主人公，除了那位来自古印度的悉达多，还有那些历史上真实存在过的人。他们或是帝王将相，或是商人、官员家眷，或只是最普通的画师、泥匠。

在这个分册里，我们不仅会向大家介绍敦煌壁画中的代表性内容和种种故事，也会关注这个话题：敦煌艺术是如何被创造出来的。

- 万千神佛——佛教艺术中有关佛像、菩萨等形象和相关知识。
- 敦煌图鉴——敦煌壁画中的经典故事，如经变画、故事画等。
- 石窟艺术——敦煌作为石窟艺术的存在，有哪些石窟形制、雕塑、纹样等。
- 壁画创作——壁画创作背后的画师和供养人，敦煌壁画的创作过程。

当我们站在这架跨越了一千六百多年的时间桥梁上,通过一个个洞窟、一幅幅壁画,看到的不仅是佛教艺术,还能看到古人的爱恨情仇、对未来的想象及对美的考量。

　　那一个又一个的洞窟,就是古人幻想中的精神宇宙。当站在比技法更高的视角来看敦煌艺术的时候,你将发现:神性的背后终是人性。

目录

仲夏

万千神佛

❀ 释家通识

仲夏元日	如何看懂佛像画？	007
仲夏丙日	人心造像	009
仲夏戊日	大乘佛教和小乘佛教	011
仲夏庚日	西方极乐世界	013
仲夏壬日	须弥山	015
仲夏甲日	手印	017
仲夏乙日	结跏趺坐	019
仲夏丁日	禅定的重要	021

❀ 大慈大悲

仲夏己日	上求菩提，下化众生	023
仲夏辛日	世界公认的最美菩萨	025
仲夏官日	勇猛丈夫或东方圣母	027
仲夏癸日	仅次于佛的胁侍菩萨	029
仲夏政日	释迦牟尼佛的接班人	031

V

仲夏尧日	听世间音的观音菩萨	033
仲夏帝日	无穷无尽的千手观音	035
仲夏哲日	自在安逸的水月观音	037
仲夏明日	低调的地藏菩萨	039
仲夏正日	智慧化身的文殊菩萨	041
仲夏学日	知行合一的普贤菩萨	043
仲夏平日	"第一辩手"维摩诘菩萨	045
仲夏保日	晚唐原创的引路菩萨	047
仲夏至日	俏皮可爱的供养菩萨	049

成佛成祖

仲夏神日	莫高诸佛	051
仲夏圣日	敦煌壁画的绝对主角	053
仲夏舆日	他，主宰着西方极乐世界	055
仲夏道日	东方净琉璃世界之主	057
仲夏恩日	二佛并坐图	059
仲夏慈日	"横三世佛"和"竖三世佛"	061
仲夏顺日	千佛图	063
仲夏忠日	阿难与迦叶	065

敦煌图鉴

故事画

荷月元日	佛成佛之前的故事	073
荷月丙日	割肉贸鸽	075
荷月戊日	舍身饲虎	077
荷月庚日	虎虽毒，不食子？	079
荷月壬日	乘象入胎	081
荷月甲日	夜半逾城	083
荷月乙日	降魔成道	085
荷月丁日	众生举哀	087
荷月己日	善友太子入海求宝珠	089
荷月辛日	五百强盗成佛	090
荷月官日	化城喻品	093
荷月癸日	须阇提太子	095
荷月政日	为爱人摘花	097

经变画

荷月尧日	经变画——古代画师的伟大发明	099
荷月帝日	早期说法图	101
荷月哲日	《观无量寿经变》	105
荷月明日	《观无量寿经变》（上）——未生怨	107
荷月正日	《观无量寿经变》（下）——十六观	109
荷月学日	《弥勒经变》（上）——龙华三会	113

荷月平日	《弥勒经变》（下）——理想国	115
荷月保日	人间理想（一）：婚丧自由	117
荷月至日	人间理想（二）：衣食无忧	119
荷月神日	人间理想（三）：龙王洒水，夜叉扫地	121
荷月圣日	《药师经变》	123
荷月舆日	劳度叉斗圣变	125
荷月道日	文殊菩萨出行	127
荷月恩日	普贤菩萨驾云渡海	129
荷月慈日	眼花缭乱的人物经变画	131
荷月顺日	《报恩经变》——历史上的谜团	133

石窟艺术

上秋

石窟形制

上秋元日	石窟的开凿	141
上秋丙日	千年石窟寺	143
上秋戊日	禅修窟	145
上秋庚日	中心塔柱窟	147
上秋壬日	覆斗顶形窟	149
上秋甲日	殿堂窟	151
上秋乙日	大像窟	153
上秋丁日	影窟	155

🏵 空间美学

上秋己日	敦煌彩塑	157
上秋辛日	"雕"和"塑"	159
上秋官日	敦煌的"蒙娜丽莎"	161
上秋癸日	佛界的"最强大脑"	163
上秋政日	排列组合	165

🏵 纹样图案

上秋尧日	藻井——敦煌艺术的必修课	167
上秋帝日	藻井的绘制	169
上秋哲日	三兔共耳——最有名的藻井	171
上秋明日	莲花飞天藻井	173
上秋正日	最美的天花板	175
上秋学日	敦煌历史中逐渐消失的艺术	177
上秋平日	莲花纹——有佛之处必见莲	179
上秋保日	忍冬纹——灵魂永生的象征	181
上秋至日	卷草纹——忍冬纹升级版	182
上秋神日	火焰纹——光明和温暖的象征	185
上秋圣日	宝相花——绽放于佛国空间的理想之花	186

🏵 敦煌艺路

上秋舆日	莫高窟，不等于敦煌石窟	189
上秋道日	莫高窟第一窟	191
上秋恩日	多元化的敦煌	193

VIII / IX

上秋慈日	敦煌艺术的兴盛	195
上秋顺日	秘密堂	197
上秋忠日	敦煌艺术为什么会走向衰落？	199

壁画创作

清秋

🏵 画师工匠

清秋元日	如何成为一名敦煌画师？	207
清秋丙日	史上不留名	209
清秋戊日	敦煌石窟的"赞助商"	211

🏵 绘画通识

清秋庚日	一笔千年	213
清秋壬日	东西方壁画比较	215
清秋甲日	岩彩画的源头在敦煌	217
清秋乙日	黑白水墨与碧水丹青	219
清秋丁日	文人画和画工画	220
清秋己日	谢赫六法	223
清秋辛日	敦煌壁画中的经典构图	224
清秋官日	异时同图	227
清秋癸日	鱼骨透视法	229

🏵 壁画技法

清秋政日	天竺遗法	231
清秋尧日	吴带当风	233
清秋帝日	曹衣出水	235
清秋哲日	十八描	237
清秋明日	千变万化的敦煌手姿	239
清秋正日	粉本刺孔法	241
清秋学日	画诀和色标	243
清秋平日	榜题	245
清秋保日	地仗层	247

🏵 矿物岩色

清秋至日	中国古代的莫兰迪色	249
清秋神日	热烈温暖的"红"	251
清秋圣日	只此青绿的"绿"	253
清秋舆日	色相如天的"青"	255
清秋道日	闪闪发光的"白"	257
清秋恩日	信口雌黄的"黄"	259
清秋慈日	铅变万化的"黑"	261
清秋顺日	沥粉堆金的"金"	263

X / XI

万千神佛

仲夏

绿分田水新栽稻,
黄入园林已熟梅。
——(明)居节《仲夏闲居》

释家通识―大慈大悲―成佛成祖

大日如来　榆林窟025窟　主室东壁　中唐（临摹）

万千神佛
让我们一起来了解"敦煌神佛"

了解神佛体系的基础知识，对于研究敦煌艺术会有所帮助。但是你肯定会发现，敦煌神佛形象和中原神佛形象有不少差异。原因主要是敦煌是佛教文化流入中原的入口，较多保留着古印度、犍陀罗、西域、吐蕃等外来文化的印迹；而由于"先入为主"的影响，我们往往会误认为中原佛教才是标准模样。

佛和菩萨的信仰体系在历史长河中经历了漫长演化：从最早的"不为佛造像"，到一佛到二佛到三佛到七佛到千佛；从菩萨的出现，到菩萨由男相变为女相等。

"既熟悉又陌生"，敦煌的魅力也正在于此。通过服饰、道具甚至坐骑，我们可以对敦煌神佛做个大致判断。

- 佛：佛像均穿法服，偏袒右肩或覆双肩，大多是光头螺发，比较好识别。
- 菩萨：大多身着璎珞，服饰华丽，原型来自古代南亚及西域贵族的装束；比较特别的是地藏菩萨，为僧人相。
- 罗汉：基本是僧人装束，常为十八或五百罗汉。
- 护法神等：画师大多会参考世俗标准进行描绘：帝释天和大梵天、日天和月天，多为帝后装束穿戴；女神如吉祥天女、摩利支天等，多佩戴璎珞；伎乐天、飞天、供养菩萨等服饰华丽，佩戴璎珞；天王等多为武将铠甲穿戴；力士多赤裸上身。

无量寿佛　榆林窟 025 窟　主室南壁　中唐（临摹）

"佛有三十二相，八十随形好。"
——《大智度论》

如何看懂佛像画？

为了体现世尊无上的庄严，在佛典中仔细描述了释迦牟尼画像的特征，有三十二种之多（作为普通读者，我们无须一一了解，大致分辨出明显特征即可），比如背光、螺发、肉髻、白毫等。

- 背光：佛像背后的光圈式装饰图案，包括头光和身光，寓意佛光普照四方。

- 螺发：佛陀头上黑色的卷发呈螺形，发卷一个一个布满整个头顶，叫作螺发。

- 肉髻：有几分像如今的"丸子头"，因骨肉隆起，其形如髻，故称肉髻。

- 白毫：细心的你在佛像眉毛中间会发现一个小点，这叫作白毫。佛教认为，从小小的白毫中能绽放出无限光明。

画师是如何绘制佛像和菩萨像的呢？

在佛教艺术界，绘制佛像是件严肃的事情，敦煌画师们需要严格依据佛经的要求绘制。如《佛说造像度量经》中，对相好、手印、服饰、法器、坐骑、量度等细节都做了严格的限制。

相比较而言，绘制菩萨就有一定的自由度，所以敦煌画师们的创造力在菩萨造型上得到了充分释放和发挥。佛教进入中原后，更多文人画家的加入使菩萨的形象变得更加丰富了。

手印 P017

未完成临摹的敦煌壁画

"世事无相，相由心生"
——《无常经》

人心造像

中国人对寺庙并不陌生，对佛的形象自然也比较熟悉。

提到佛像的诞生，就不得不提到犍陀罗艺术。犍陀罗地区承袭了来自希腊和地中海区域的造像术，随着佛教在当地的传播也就诞生了最早的佛像。

历代画师和塑匠究竟应该按照什么标准来造像？虽然佛教界有严格的仪轨标准，但人们总会青睐自己喜欢的形象。比如众生希望菩萨以慈悲温柔的方式来出现：观音就变成了慈眉善目的形象，手持杨柳净瓶，来普度众生。

说起来，再高超的造像术也敌不过人心的力量。佛像，本是心相。这就是"像由心造"的本意吧。

佛像为什么会诞生？

佛教诞生之初并无佛像，佛生前也并不主张造像。但是当佛涅槃之后，人们总是希望通过某种方式来纪念佛，继续学习佛法。当时人们只能通过脚印、佛钵等佛的遗物来纪念，而代表了佛的舍利子更成了大家争夺的对象，并因此引发了多次战争。

既然有强烈的需求，后面的问题就只是方法和手段了。各种机缘流入犍陀罗地区的希腊造像术，为佛像的诞生提供了高水平的技术支撑。

勇猛丈夫或东方圣母 P027

观无量寿经变　莫高窟 320 窟　主室北壁　盛唐（临摹）

"一切众生,悉有佛性"
——《大般涅槃经》

大乘佛教和小乘佛教

初步了解小乘佛教和大乘佛教的异同,有助于敦煌艺术的背景研究。

"乘"可以理解为车。大乘就是大的车乘,可以搭乘的人多,以菩萨信仰为主,强调人人皆可成佛;小乘则反之,强调自己修行。大乘佛教和小乘佛教两者并非简单对立,而是相互补充、相互促进。

在佛教的发展历程中,小乘曾经是主流,但是在6世纪左右通过犍陀罗艺术的加持,大乘逐渐兴起,成为佛教中的主流派别。在中国、日本等地区,大乘佛教有着广泛的影响力,被称为"北传佛教",主要经典包括我们熟悉的《般若波罗蜜多心经》《金刚经》等。小乘佛教则在印度和东南亚地区有着广泛的传播,被称为"南传佛教"(小乘佛教自称"上座部佛教")。

敦煌壁画中体现的是大乘佛教还是小乘佛教?

地处早期佛教进入中原文化的交叉口,敦煌壁画内容丰富多彩,不能一概而论。带着这样的认知了解,你会发现敦煌是众多文化交流碰撞融合的中心,为我们梳理整个发展脉络提供重要线索。佛教流入时多为小乘思想,如早期以本生故事、因缘故事和佛传故事为主,强调因果轮回,累世成佛。到了中后期,大乘宗派不断兴起,表现为大乘佛法的经变画增多,如《观无量寿经变》。

阿弥陀经变　莫高窟 061 窟　主室南壁　五代（临摹）

"东土震旦，西方极乐。"
——《广慧法师赞》宋 陆游

西方极乐世界

早期佛典翻译中，人们把所向往的理想而遥远的国度称为"净土世界"，意思是清净又美好的世界。后来，著名翻译家鸠摩罗什在翻译"西方净土"的时候，将它翻译成了"西方极乐世界"，使之变得更加通俗易懂。对于当时的人而言，死后去的地方不仅不可怕，反而是一个被称为"极乐世界"的地方，令人心驰神往。

古代画师对西方极乐世界的视觉表达可谓美轮美奂。有各种黄金、琉璃、宝石所生成的物品；有各种飞翔的乐器，不用人操作就能奏出美妙的音乐；如果感到饥饿，只需要闻一闻香味就能饱腹。今天的敦煌壁画中存有大量的西方极乐世界图，其中建筑多以唐代建筑为参考，开放式的结构，宏大的布局；人物以佛为中心，还有菩萨、天人等在听说法。

没有人见过的"极乐世界"究竟是什么样子呢？

佛典中对极乐世界做了详细的文字阐释，敦煌画师们就依据经文描述和自己的想象把它画在了墙壁上。比如极乐世界中一般都会绘制一个巨大的池塘（被称为"七宝池"，池水称为"八功德水"），据说池水能满足你的心意，身处其中，想让池水浅便浅，想让池水深便深，想让其冷便冷，想让其暖便暖。这种神奇的水中开满了车轮一样大的莲花（这是人们通向西方极乐世界的重要通路）。

《观无量寿经变》**P105**

须弥山状塔柱　莫高窟 303 窟・隋代

仲夏 壬日
芒种 初候·螳螂生

"感盘古开辟，三皇治世，五帝定伦，世界之间，遂分为四大部洲：曰东胜神洲，曰西牛贺洲，曰南赡部洲，曰北俱芦洲。"
——《西游记》明 吴承恩

须弥山

古人想象的世界，和今天我们通过科学观测知道的世界，可谓是大相径庭。想要认知古人的宇宙观，可以先从"须弥山"这个概念开始。古人对于须弥山的信念可谓根深蒂固。

据佛教典籍记载，整个世界以须弥山为中心，由七山八海环绕，再以铁围山为外廓，构成了一个完整的小世界。而须弥山，是连接现实世界和理想世界的通道。山上方是云朵烘托的兜率天宫（三十三重天，悬浮空中），山腰有四大天王守护。四大部洲分布在须弥山周围的咸海中（人类生活在其中的南赡部洲上）。每一世界最下层分别为风轮、水轮、金轮，金轮之上即为山、海洋、大洲所构成的大地。

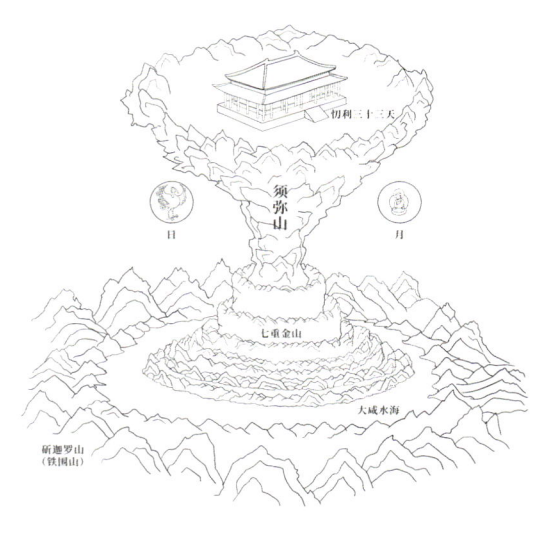

在敦煌遗书中，《三界九地之图》全面绘制了这一图景。看到这里，不由得赞叹古人的想象力，虽然不甚科学，但是细节非常丰富生动。

须弥山在哪里？

敦煌艺术中，须弥山的形象随处可见：在《弥勒经变》壁画中央上方可见须弥山的形象；佛的莲花座的底座就是须弥山的造型；敦煌石窟的中心塔柱造型，也是对须弥山世界的模拟。

中心塔柱窟 P147

弥勒 说法印 榆林窟 025 窟 主室北壁 中唐（临摹）

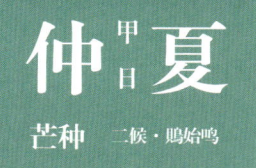

仲夏 甲日
芒种 二候·鵙始鸣

"无上甚深微妙法，百千万劫难遭遇；
我今见闻得受持，愿解如来真实义。"
——《金刚经开经偈》 唐 武则天

手印

　　在敦煌壁画中，手姿是表现人物特征的重要组成部分，其中有一类特定的来自佛和菩萨的手姿，又被称为"手印"。

　　不同的手印往往代表着不同的寓意、象征其特殊的愿力与因缘。让我们一起来了解一下常见的佛手印吧。

无畏印

右手上举至胸前，掌心向外，五指自然伸展，这样的手姿代表着"不要怕"。

施愿印

手掌伸出，掌心向外，手指下垂。这个手印的含义是"给予"。面对人们再多的祈愿，佛和菩萨也会替他们实现。这一手姿常和无畏印组合使用。

禅定印

据说释迦佛在菩提树下成道时就是采用这种手姿。这一手印表示禅思，内心安定之意。

降魔印

右手自然下垂，掌心向内，指尖触地，以示降伏魔众。

说法印

类似我们常见的"OK"手势，拇指与食指（或中指）相捻，其余手指自然伸展。这一手印象征佛说法之意，一看到这个手姿就知道：老师又要给大家上课啦！

佛只有这几种手印吗？

　　无畏印、说法印、禅定印、降魔印、施愿印又合称为释迦五印。其实佛的手印远远不止这些，可以慢慢学习了解。

千变万化的敦煌手姿 P239

结跏趺坐　药师佛　莫高窟 961 窟　主室北壁　五代（临摹）

仲乙夏
芒种 二候·鹏始鸣

"于其城中，次第乞已，还至本处，饭食讫，收衣钵，洗足已，敷座而坐。"
——《金刚经》

结跏趺坐

在瑜伽修炼等身心活动中，人们对于打坐的姿势往往有着细致的要求。这种要求，源于佛教经典对"结跏趺坐"的描述。"结跏趺坐"作为佛教术语，描述了一种双腿交叠的坐姿，具体而言，是将左脚置于右股之上，随即右脚置于左股之上，两脚掌心朝上（通常称作"双盘"，若仅一足掌心向上，则称为"单盘"）。结跏趺坐，亦被称作全莲花坐、如来坐或佛坐。在进一步细致区分中，若左腿置于外侧，则称为"吉祥坐"，反之，若右腿置于外侧，则名为"降魔坐"。

在敦煌壁画中，佛陀与菩萨的坐姿多为结跏趺坐，其中佛陀常以全跏趺坐（双盘）示现，而菩萨则多采取半跏趺坐（单盘）之态。在佛教艺术形象的表现中，除了全跏趺坐与半跏趺坐之外，还有轮王坐（自在坐）、善跏趺坐（身体端坐于座上，两脚自然下垂倚坐）、交脚倚坐以及游戏坐等多种姿势。

半跏趺坐

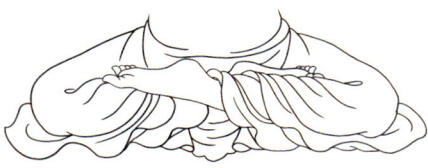

跏趺坐

为什么要结跏趺坐呢？

人们在练习瑜伽或修禅定的时候经常会用此坐姿。根据记载，结跏趺坐的好处很多。一来，结跏趺坐是最为安稳的坐法，以此坐法人不易疲倦，精神焕发；二来，这种姿势容易入定，有助于调顺呼吸。

自在安逸的水月观音 P037

018 / 019

山居禅僧　莫高窟 285 窟　东披　西魏（临摹）

仲夏

芒种　二候·鵙始鸣

"说法初闻鸟，看心欲定猿。"
——《宿清远峡山寺》唐　宋之问

禅定的重要

莫高窟最早开凿洞窟的主要作用，就是创造禅修的空间，所以被称为"禅窟"。在莫高窟的一些大型洞窟中，也会开辟出许多小的禅窟（这些狭窄的洞窟往往让人无法站立，只能盘腿而坐）。

禅定不只是为了"定"，更是为了"慧"。禅定的源头来自古印度婆罗门的苦行，这种修行方法，和中国道家的辟谷等修行方法有几分类似，也有点像儒家所称的"劳其筋骨、苦其心志"。

莫高窟285窟东披的这幅《山居禅僧》，画面中央就有一位僧人在山林间结草庐，打坐禅定。幽深密林之中，野鹿、野猪等活泼跃动。画面右侧有只饿虎伏地而行，正准备向鹿群或野猪猛然发动攻击。野兽们的动与坐禅僧的静形成了强烈的动静反差。

禅定的目的是什么？

禅定，是"禅那"和"定"的合称，其中"禅那"是修行方法，"定"是结果。修习的层次可分为"四禅"和"八定"。

在中国，人们对禅定并不做那么清晰的定义。最初修禅的目的是成佛（佛的定义是"觉悟"的人）。而今天人们修禅的目的是让自己的内心清净自在。打坐修禅成为许多白领流行的生活方式。

禅修窟 P145

供养菩萨　榆林窟025窟　主室南壁　中唐（临摹）

仲夏

己日

芒种 二候·鵙始鸣

"菩提萨埵"
——《般若波罗蜜多心经》

上求菩提，下化众生

菩萨，全名是菩提萨埵（Bodhisattva），直译过来就是"觉有情众生"。"上求菩提，下化众生"，意思是自觉和觉他，不但自己要有所成就，还要成就别人，从而具备慈悲和智慧的双重境界。

据专家考证，菩萨并非佛教诞生之初就有，而是诞生于犍陀罗地区。菩萨体系的诞生，标志着佛教从小乘向大乘发展，开启了诉求的全新历史阶段。而敦煌画师对于菩萨的用心塑造，将佛教主张和中国人心目中的真善美的形象结合，从而创造出了敦煌艺术的高峰。

据统计，莫高窟中有数万身菩萨。敦煌壁画中这些手舞足蹈的人物形象，就是数量众多的"供养菩萨"。他们头上都有一个圆形的光圈，身上披着飘带。

在俗世信仰中，菩萨为什么比佛更受欢迎？

一方面，相较于庄严肃穆的佛，敦煌菩萨的形象看上去可亲可近，比如"有什么事都可以找观音菩萨"；另一方面，相较于成佛的修行难度（"舍身饲虎"、"割肉贸鸽"太辛苦），菩萨的修行只需自己精进且帮助别人，看上去更为容易。

最美菩萨　莫高窟 057 窟　主室南壁　初唐（临摹）

仲夏 辛丑

芒种 二候·鵙始鸣

"菩萨如宫娃。"
——《释氏要览》宋 释道诚

世界公认的最美菩萨

在敦煌石窟数万身菩萨中，有一尊菩萨显得极为特别，被人们赞誉为"最美菩萨"，她所在的莫高窟057窟也被称作"美人窟"。

这位最美菩萨的原型是观音菩萨。从身段、姿态来看，她仿佛是一位柔弱的少女；从身上佩戴的璎珞和穿着的衣裙来看，她俨然又是一位贵妇。通过画面可以看出，在绘制菩萨时，当时的画师已经开始把世俗生活中的人物作为蓝本。那么她到底有多美呢？首先是肌肤的细腻润泽，画师在两颊、下颌处用浓淡自然的晕染技法，表现出年轻女性皮肤的状态。其次是宝冠佩饰的沥粉堆金技法更增添了这位菩萨的雍容华贵。

对了，这身菩萨身后还有数身菩萨、弟子，画师特别刻画了他们的眼神，有的矜持，有的娇媚，有的似乎漫不经心，有的仿佛在暗送秋波。

敦煌的菩萨为什么会这么美？

佛是庄重的，佛教艺术又有严格规定的法相和手印要求，因此没给画工们多少发挥的余地。而菩萨们天性慈爱，司职又多，所以给人们的想象与创造以无穷空间。千年来，敦煌画工的非凡才华，就表现在对菩萨（和飞天）形象的创造上。

沥粉堆金的"金" P263

菩萨像　莫高窟158窟　西壁　中唐（临摹）

仲夏 官日
芒种 三候·反舌无声

"勇猛丈夫观自在。"
——《华严经》

勇猛丈夫或东方圣母

　　菩萨是男性还是女性？对于大部分人而言，这似乎不应该是个问题。因为我们日常看到的菩萨多为慈眉善目、温柔端庄的女性形象。但佛教传入中国时，菩萨原本是"勇猛丈夫"。在近千年的历史长河中，中国人民把这位外来神逐步变成了一位中国神，从"非男非女""女相男身""男相女身"，最后变成了大慈大悲、救苦救难的东方女性。

　　今天，我们可以从敦煌石窟壁画中找到菩萨的衍变轨迹：在敦煌壁画中，这样同时具备男性和女性特征的菩萨像不胜枚举。比如中唐莫高窟 158 窟的这位菩萨，他（她）头戴宝冠，发髻高耸，颈上装饰有璎珞，手臂上还戴着臂钏，头微微向右侧着，做出倾听的样子。这位菩萨到底是男是女？要说是男性，他（她）梳着高寰髻，有云鬓，描画的翠绿色眉毛又细又长，双目低垂，红唇艳丽，神态恬静，这些发式、化妆都与唐朝贵族妇女的流行时尚相仿；可要说是女性，他（她）的上唇左右两边又有蝌蚪纹式的小胡子，这不是还保留着男性的特征吗？

菩萨为什么会从男性变成女性？

　　菩萨形象的最初依据是来自古印度犍陀罗的贵族形象，最早的时候是有胡须的男性。当佛教传入中国后，中国的接受者普遍认为菩萨应具备善良和慈悲的女性特性，所以女性菩萨慢慢变得流行起来。菩萨的女性化，可以说是中国画师的一大创造。

大势至菩萨　榆林窟 025 窟　主室南壁　中唐（临摹）

仲夏 癸日
芒种 三候·反舌无声

"愿此香花云，遍满十方界。"
——《供花偈》

仅次于佛的胁侍菩萨

从大类上讲，菩萨可以分为胁侍菩萨和供养菩萨。胁侍菩萨的修行层次高于供养菩萨，他们的觉悟仅次于佛，未成佛前侍立在佛陀的身边，协助佛弘扬佛法。

以横三世佛为例：

• 释迦牟尼佛——左胁侍为文殊菩萨，专司智慧（标志坐骑为青狮）；右胁侍为普贤菩萨，专司行德（标志坐骑是六牙白象）；合称华严三圣。

• 阿弥陀佛——左胁侍为我们熟悉的代表慈悲的观音菩萨（观音头顶通常有一尊小佛像），右胁侍为代表喜舍的大势至菩萨（大势至菩萨头顶宝冠通常为宝瓶），合称西方三圣。

• 药师佛——左胁侍为日光菩萨（代表光明），右胁侍为月光菩萨（代表静定），合称东方三圣。

"八大菩萨"指的是哪几位？

关于八大菩萨有各种说法，其中一种主流说法认为除了上面这六位胁侍菩萨，还有弥勒菩萨和地藏菩萨。其中弥勒菩萨是释迦牟尼佛的继任者，地藏菩萨发下宏愿"地狱不空，誓不成佛"。

交脚弥勒塑像　莫高窟 268 窟　西壁　北凉

仲夏
政日
芒种 三候·反舌无声

"大肚能容容天下难容之事，开口便笑笑世间可笑之人。"
——佛家偈语

释迦牟尼佛的接班人

对于弥勒，我们总是有几分熟悉（但其实不那么了解）。国内很多寺庙进门的第一个佛殿往往就是弥勒殿。当你走进寺庙，首先映入眼帘的便是一尊弥勒佛，一尊胖胖的和尚袒胸露乳地坐在地上，手拿布袋，面带微笑（也被称为财神）。

其实早期弥勒的形象并不是这样的。据说弥勒与释迦牟尼是同时代人，后来弥勒跟随释迦牟尼出家，成为佛的弟子。在佛典中，弥勒是接替释迦牟尼的未来佛，这一世为菩萨，未来将在娑婆世界降生，是下一尊佛。随着弥勒降世成佛，人间将会出现太平盛世。

对弥勒的信仰历史悠久且广泛，从南北朝时开始流行，武则天在位期间更是盛行。至唐代后，随着西方净土信仰增多，它在中原不再那么流行；但在韩国、日本，弥勒信仰依然颇为盛行。

莫高窟268窟西壁的此尊交脚弥勒佛像，双脚交叉而坐，故又称为"交脚菩萨"。这样的坐式体现出明显的犍陀罗风格，受到古希腊、罗马影响，富有写实精神。

弥勒佛的形象是什么时候变成胖和尚的？

笑口弥勒佛形象其实出现在五代时期，来自浙江的一个怪和尚——契此（也就是著名的"布袋和尚"），据说他是弥勒的化身。五代以后，江浙一带佛教寺院逐渐以契此为原型塑造弥勒像，被人们称为大肚弥勒，后来逐渐流行全国。到了西夏晚期，这种形象也传到了敦煌石窟。

大像窟 P153

观音菩萨 榆林窟 025 窟 主室南壁 中唐（临摹）

仲夏
芒种 三候·反舌无声

"若有无量百千万亿众生，受诸苦恼，闻是观世音菩萨，一心称名，观世音菩萨即时观其音声，皆得解脱。"
——《观世音菩萨普门品》

听世间音的观音菩萨

观音菩萨、文殊菩萨、普贤菩萨、地藏菩萨并称"中国四大菩萨"，其中，观音菩萨在民间的影响力尤为深广。

观音，无疑是汉地最为知名的菩萨，几乎达到了家喻户晓的程度。

你是否曾好奇，她为何被称为观音？据说她的全名为"观世音"（唐代避讳太宗李世民的名删去"世"字，简称"观音"），意思是"遍观世间声音"。遇难众生无论身在何处，只要诵念她的名号，观音菩萨便能随时听到并前往拯救与解脱。

民间传说中，观音是一位救苦救难、大慈大悲、无处不在的神祇，她能引导人们脱离苦海，具有无边法力。相传观音拥有三十三种法相，如送子观音可求嗣，千手观音能保平安，善财童子可助财运，还有杨柳观音、白衣观音等，可谓"有求必应，来者不拒"。

为何中国人对观音菩萨如此推崇？

几乎每个人都喜爱观音菩萨，无论何愿何求，都可以向她祈愿。相较之下，其他菩萨在人们的认知中功能相对单一，如文殊菩萨主司智慧，普贤菩萨以大毅力著称，地藏菩萨则主管超脱地狱诸鬼。此外，观音菩萨化身为女性，恰好填补了中国神仙谱系中女性神灵的空白，更易为人们所接受。

千手千眼观音经变　莫高窟003窟　主室南壁　元代（临摹）

仲夏 帝日

芒种 三候·反舌无声

"会瞻千佛手，一指借通禅。"
——《千手观音庵》明 张元凯

无穷无尽的千手观音

千手千眼观音，是观音菩萨的经典造型之一。

莫高窟堪称我国保存千手千眼观音画像之瑰宝，其收藏之丰、系列之完整、艺术之精湛，无与伦比。据资料记载，莫高窟含有观音圣像的洞窟共计37座，绘像40多幅，时间自盛唐直至元代。值得一提的是，元代的莫高窟003窟，是唯一以观音为主题的洞窟，其南北两壁对称布置，各有一幅《千手千眼观音经变》壁画。

这两幅《千手千眼观音经变》壁画，采用的是"众星拱月"式的经典构图模式。画中央，观音菩萨呈正面庄严立姿，中心40多只大手各执法器或展示出各式手势，周边无数小手层层叠叠，构成一圈巨大的圆轮，环抱周身。

令人叹为观止的是，敦煌画师凭借着精湛技艺，细致入微地绘制出千手千眼，堪称莫高窟元代艺术的巅峰之作。画师运用墨线勾勒，用有力的铁线描技法，刻画出菩萨的面容、手足和踝部，手臂的圆润、手指的灵动得以生动呈现；用细腻的兰叶描，描绘出衣物的繁复褶皱与飘动的带子；用钉头鼠尾描，凸显护法金刚强健有力的肌肉；用高古游丝描，巧妙地捕捉到发丝的飞扬与飘逸。

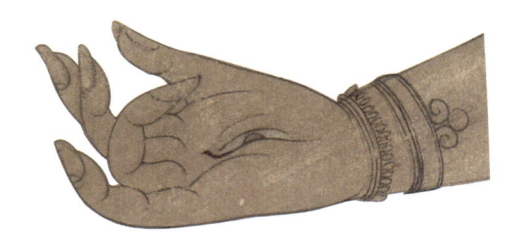

千手千眼有什么寓意？

"千"字有无边无际之意。千眼寓意着无尽的智慧（象征认知之深），昭示着世间万象无不可洞悉；千手则象征着无边的慈悲（突出实践之广），意味着世间无不可为之事。

十八描 **P237**

水月观音　榆林窟 002 窟　西壁北侧　西夏（临摹）

仲夏 哲日

夏至 初候·鹿角解

"塔东南院，周昉画水月观自在菩萨掩障，菩萨圆光及竹，并是刘整成色。"

——《历代名画记》唐 张彦远

自在安逸的水月观音

在后世人心目中，观音菩萨多为素衣飘逸，端坐于莲花座上，手持杨柳枝与净瓶，庄严肃穆，超然尘世。然而，并非所有的观音像都保持着这般的庄重。

以水月观音为例，其姿态之自然，宛如一缕月光映照，法相隐约于月色之中，故得名"水月观音"。她所采取的"自在坐"，一改常规的庄严之态，展现出一种随性自在、悠然自得的风采，这样的变化非但没有损害其神圣气质，反而增添了几分亲切感。

这幅绘于榆林窟的水月观音像，堪称"水月观音"形象的典范。观音菩萨置身于透明的光轮之中，月色清幽中，静谧地坐在宝座之上。流水潺潺、莲花盛开，营造出一种神圣而宁静的氛围。

原壁画因年代久远，人物面部大多脱落，肤色与服饰颜色也大多褪化，然而画家凭借丰富的经验和精心的研究，将这幅壁画修复临摹得既完整又保留了原作的韵味。

水月观音的形象是由谁创造出来的？

最初由唐代画家周昉根据玄奘大师《大唐西域记》中的观自在菩萨造型所创造，至今仍广为流传。值得一提的是，唐代的水月观音，虽然面部展现出东方女性圆润的美感，却依旧保留着象征男性的胡须，体现了当时的艺术风格。

勇猛丈夫或东方圣母 P027

地藏菩萨　榆林窟 025 窟　主室东壁　中唐（临摹）

仲夏 明日
夏至 初候·鹿角解

"安忍不动犹如大地，静虑深密犹如秘藏。"
——《地藏十轮经》

低调的地藏菩萨

诸位菩萨中最低调的是地藏菩萨。

和其他菩萨珠光宝气的装扮不同，地藏菩萨多为光头、身着袈裟的僧人相。据佛典记载，地藏菩萨发过宏愿，"众生度尽，方证菩提；地狱不空，誓不成佛"，因此在民间被誉为"大愿地藏"，与"大智文殊""大行普贤""大悲观音"并称为汉传佛教四大菩萨。

佛教认为世间有地狱、饿鬼、畜生、阿修罗、人间和天界六道，地藏菩萨就是六道的看护人。随着佛教的世俗化，地狱信仰越来越流行。唐代以后，地藏菩萨常常作为地狱的掌管者与十殿阎罗同时出现。

敦煌遗书中的地藏菩萨头戴风帽，面相丰圆，双目微睁，神态安详；右图中这位地藏菩萨一手托腮，一手持锡杖，若有所思坐于莲花台上。这是不是我们所熟悉的僧人模样？

地藏菩萨是如何诞生的？

所有菩萨都是应需求而产生的，地藏菩萨也不例外。据说在释迦牟尼佛涅槃后，直到弥勒佛降生的"五十六亿七千万年间"都是缺少佛的时代。为了让佛教徒在无佛时代也能有所依靠，地藏菩萨就应时而生。佛典中这样描述：受释迦牟尼佛的嘱托，地藏菩萨在释迦牟尼佛涅槃后留驻世间，守护佛法和救度众生。

1 锡杖 P239

文殊经变　榆林窟025窟　主室西壁　中唐（临摹）

仲夏

正日

夏至 初候·鹿角解

"文殊菩萨，出化清凉，神通力以现他方。真座金毛师子，微放珠光。"

——《行香子·文殊菩萨》 唐 白居易

智慧化身的文殊菩萨

佛学一向哲理深邃，般若（智慧）则被视为成佛的关键。文殊菩萨，作为智慧的象征，在佛教信徒中享有极高的崇敬地位。据说文殊菩萨曾担任七佛之导师，众多佛陀都是在文殊菩萨的点化与引领下得道。

文殊菩萨和我们这个娑婆世界的众生很有缘。文殊菩萨说法的道场在五台山（又称清凉山），民间认为文殊菩萨分管智慧，每年的高考前后，都有家长去五台山上香保佑孩子金榜题名。从这个角度来说，文殊菩萨自然要比其他菩萨更受人们欢迎。

《文殊经变》这幅壁画中，文殊菩萨骑着狮子，象征勇猛精进。牵狮的昆仑奴迈开双腿，双手使劲拽着缰绳，其紧张的神态与意态闲适的文殊菩萨形成对照。

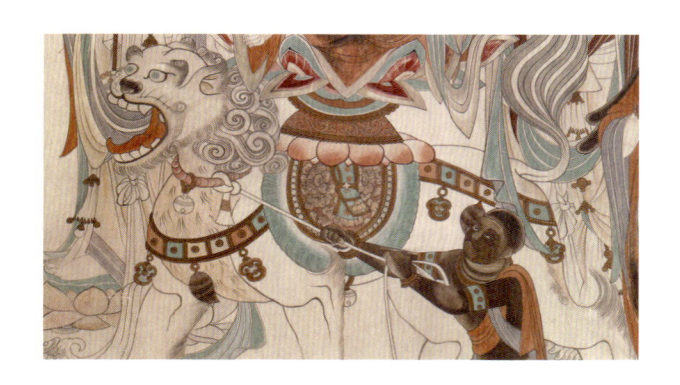

何为"佛门狮子吼"？

文殊菩萨的坐骑是青狮。我们经常看到一个词叫"佛门狮子吼"，难道是说法的时候像狮子一样大声吼吗？这似乎很难想象。其实这里比喻的是所讲的法理震撼人心，惊醒世人，和说法声音大小没有关系。

1 谁能把狮子当宠物？ P021

普贤经变　榆林窟025窟　主室西壁　中唐（临摹）

仲夏学日

夏至 初候·鹿角解

"行愿总齐周，大行称普贤。"
——《兰亭梦令·普贤菩萨》

知行合一的普贤菩萨

　　普贤菩萨，作为汉传佛教的四大菩萨之一，象征"行德"，常与象征"智德"的文殊菩萨结伴，两位菩萨同为释迦牟尼佛的左右胁侍。

　　据说普贤在中国大地上的道场在四川省峨眉山（又称光明山）。普贤主管的是"行动"与"结果"，可谓知行合一。因此普贤显得更加持重，注重实效。识别普贤菩萨的标志主要是坐骑六牙白象（六牙代表了布施、持戒、忍辱、精进、禅定、般若这六种修行方式）。

　　左页这幅壁画中的普贤菩萨，在窟中和文殊菩萨左右相对。其麾前有一名昆仑奴在驱赶着大象。普贤菩萨坐在大象身上，神情自然平和；周边伴行的许多菩萨打着经幡，踩着莲花共同前行。

如何理解文殊菩萨和普贤菩萨担当的具体职责？

　　如果把佛比喻成学校校长，那么文殊菩萨就是负责教学工作的老师；普贤菩萨则是负责落实教务工作的教导主任，安排教学任务，真抓实干，注重执行。

1 六牙白象 P015

维摩诘经变之文殊菩萨　莫高窟 220 窟　主室东壁　初唐（临摹）

仲夏
夏至 初候·鹿角解

"菩提本无树，明镜亦非台，本来无一物，何处惹尘埃。"
——《菩提偈》唐 惠能

"第一辩手"维摩诘菩萨

著名诗人王维，字摩诘，把他的名与字合在一起便是佛教界一位非常著名的人物——维摩诘菩萨。

维摩诘菩萨是佛教中一位在家修行的居士，也是著名的在家菩萨。他精通佛理，但是经常伪装患病。当别人前来问疾时，他就大谈佛法。维摩诘菩萨以其高超的逻辑思考能力和语言表达能力，折服了各菩萨、佛的大弟子及各族人等。于是，释迦牟尼佛让文殊菩萨前往问疾。二人相谈佛学，妙语连珠，滔滔不绝。最终连多才善辩的文殊菩萨也都折服在了维摩诘菩萨的辩才面前。

敦煌壁画中的这幅《维摩诘经变》，就展现了文殊菩萨向维摩诘问疾的场面，感觉这就是一场古代的"国际大学群英辩论会"。画面中，维摩诘菩萨坐在床帐内，头戴布帽，身着白衣，右手拿着他标志性的麈尾。

古代文人为什么推崇维摩诘菩萨？

古代文人大多遵行儒道，认为身体发肤受之父母，即使对佛学心有所往，也不能出家。但是维摩诘菩萨的角色一下子解决了这个世纪难题：他在家修行能达到如此高的境界，还能用实力碾压各大菩萨和弟子，所以维摩诘菩萨在我国古代文人中具备较高的地位。古代文人从隋唐就开始流行在家修行，纷纷以居士自居。

吴带当风 P233

引路菩萨　藏经洞　晚唐（临摹）

仲夏 保日 夏至 二候·蜩始鸣

"曾经沧海难为水，除却巫山不是云。"
——《离思五首·其四》唐 元稹

晚唐原创的引路菩萨

佛教经典中，其实并没有引路菩萨的相关介绍。这幅《引路菩萨》来自敦煌莫高窟藏经洞，应该是中国晚唐时期佛教徒的创造。据说，"人去世之后，会有一尊菩萨降临引导人走向净土"。原因如下：

一是汉地有接引亡魂升仙的传统；二是引路菩萨指向地是去往西方的净土世界。引路菩萨与引魂幡的组合，呈现引路菩萨接引亡魂的关键图式，体现了敦煌与中原文化的融合和中国画师的再创造力。

画面中，引路菩萨和跟随在身后的贵妇一起站在一朵云上。引路菩萨的亲切使得后面跟随的贵妇内心安静，"想到有人接引，心里也不那么怕了呢"。她神态非常祥和地跟随着菩萨，整个画面呈现出静谧安详之美。

为什么两者大小差别这么大？

敦煌壁画中，人物形象的大小关系通常不遵从客观规律，更多的是画师依照内心或社会的规则来制定。比如在这个场景中，画师认为引路菩萨的身份比后面的贵妇更加重要。

1 手持柄香炉 P235

持花菩萨　莫高窟 220 窟　主室北壁　初唐（临摹）

仲夏至日

夏至 二候·蜩始鸣

"一个篱笆三个桩,一个好汉三个帮。"
——《古今贤文·合作篇》清 周希陶

俏皮可爱的供养菩萨

说法图中,在庄严的佛陀身边,除了左右两位胁侍菩萨,往往还会有许多姿态自由的菩萨。她们为弘扬佛法做供养,合称"供养菩萨"。

与胁侍菩萨相比,供养菩萨修行层次较低,但比飞天地位要高。在说法图中,供养菩萨一般在佛座的下面,或站或坐或蹲或跪,或燃灯或献花或敬香或歌舞。她们一般比较活泼,姿势优雅,载歌载舞,为宏大的场面营造出欢快的气氛。

在莫高窟 220 窟北壁的《药师经变》中就描绘了这样一位供养菩萨。她头戴宝冠,左手拈着一枝莲花花苞,好像是要敬献给佛陀,右臂下垂,掌心向下平放在盛开的莲花座上,姿态优雅。她微微仰起头,脸部轮廓分明,长眉细目,头上有透明的光轮,惬意自在。

虽然是初唐画师所绘,但是这位菩萨肩披彩色丝带,身上系着短彩带的璎珞项饰、手镯、臂钏,穿着"紧腿网格丝袜",显得婀娜多姿,即使在今天看来也非常引领时尚。她就如盛会中一位可爱的邻家小女孩,因此受到了许多人的喜爱。

如何辨别胁侍菩萨和供养菩萨?

胁侍菩萨看起来比较庄严,有特定的手印、法器、坐骑;而供养菩萨则数量不定,自由活泼。如果说佛陀是校长,胁侍菩萨就是资深的教授,供养菩萨则是年轻的助教或者是多才多艺的辅导员。

仅次于佛的胁侍菩萨 P029

药师佛　莫高窟 220 窟　主室北壁　初唐

仲夏

夏至 二候·蜩始鸣

神日

"三世诸佛,依般若波罗蜜多故,得阿耨多罗三藐三菩提。"——《般若波罗蜜多心经》

莫高诸佛

"佛到底是只有一个,还是有无数个?"——历史上这是一个一直被争论的话题。没有争议的是,在敦煌莫高窟(又称"千佛洞")中,释迦牟尼佛是知名度最高的佛。我们知道的出游四门、舍身饲虎、九色鹿等,都是关于他的故事。

除了释迦牟尼佛,敦煌壁画中还描述了其他佛。比如莫高窟220窟的《药师佛》壁画中,出现了数位衣饰不同、姿势不同的佛。

如何观看佛像?

即便我们不是佛教徒,观看佛像的时候也要怀恭敬之心,不要用手指指点点。观看的时候,从整体上先把握佛的姿态,随后视线从上至下,主要关注点为佛首和佛手印。

"横三世佛"和"竖三世佛" P061

释迦牟尼树下诞生　莫高窟076窟　东壁　宋代

仲夏 圣日
夏至 二候·蜩始鸣

"佛备众德，为世钦仰，故号世尊。"
——《无量寿经义疏》隋 慧远

敦煌壁画的绝对主角

释迦牟尼，本名悉达多，原是迦毗罗卫国净饭王的太子，29岁出家修道，经过6年的苦修，最终在菩提树下静思"成道"，成就正觉。从此以后被称为"佛陀"。他到处讲经说法，组织僧团，直至圆寂。

相传释迦牟尼佛为"娑婆世界"之主。（娑婆世界，就是我们生活着的这个世界；其中，娑婆是梵语音译，意为堪忍，也就是说这个世界的众生具备较强的忍苦能力）。

敦煌壁画中不仅描绘了大量释迦牟尼的佛像，更讲述了释迦牟尼如何成佛的传奇，其中包括佛本生故事（即佛的前世故事，较著名的有鹿王本生、割肉贸鸽、舍身饲虎等）和佛传故事（较著名的有树下观耕、出游四门、夜半逾城等）。

释迦牟尼树下诞生 犍陀罗 大都会艺术博物馆

如来佛特指释迦牟尼吗？

如来，从字面可以理解是"仿佛来到"的意思，特指掌握了真理的圣者来到世间说法。就像佛的本意是"悟透了道理的人"，如来佛也不特指释迦牟尼。释迦牟尼和孔子一样，是个到处说法受到人们尊敬的老师。在佛教的传播过程中，尤其到了明清时期话本小说的兴起，民间便借用释迦牟尼的尊号"如来"创造出了"如来佛祖"。在以《西游记》为代表的小说影响下，释迦牟尼逐步从印度的圣人变成中国人心目中的"如来佛祖"。

佛成佛之前的故事 P073

阿弥陀经变　莫高窟 220 窟　主室南壁　初唐（临摹）

仲夏與日

夏至 二候·蜩始鸣

"南无阿弥陀佛"
——《观无量寿经》

他，主宰着西方极乐世界

在人们印象中僧人们经常口念"南无阿弥陀佛"，甚至连如来也常说"南无阿弥陀佛"。

那么"南无阿弥陀佛"究竟是什么意思呢？"南无"，并不是南面没有的意思，而是指"皈依"。那么阿弥陀佛又是何人？佛教中不单有"竖三世佛"（即过去佛——燃灯古佛，现在佛——释迦牟尼佛，未来佛——弥勒佛），还有"横三世佛"，就是三个"平行世界"的佛祖（西方极乐世界——阿弥陀佛；娑婆世界——释迦牟尼佛；东方净琉璃世界——药师佛）。这位阿弥陀佛主宰着西方极乐世界。据说在西方极乐世界中，人人幸福圆满，长生不老，无病无灾，是大众最向往的世界。传说任何人只要诵念阿弥陀佛的佛号，就能得到他的接引，来世往生极乐净土世界。

阿弥陀佛（梵语 Amitābha，意译为无量佛、无量寿佛等）也是敦煌壁画中《阿弥陀经变》的主角。在大乘佛教流传的中国、日本等地，阿弥陀佛非常流行，可以说，佛门弟子无不诵念阿弥陀佛之名。

阿弥陀佛为什么这么流行？

阿弥陀佛的信仰极大降低了大众修行的门槛，方便了不识字的老百姓，再加上其胁侍菩萨——观音被广泛接受，所以在古代中国民间"户户阿弥陀，家家观世音"。

西方极乐世界 P013

药师佛法会　广胜寺　元代

仲夏 道日

夏至　三候·半夏生

"皈命满月界，净妙琉璃尊。"
——佛典

东方净琉璃世界之主

相较于声名显赫的释迦牟尼佛、阿弥陀佛，药师佛显得更为谦逊内敛。直观而言，药师佛实际上扮演着"医者"的角色，肩负起为众生疗愈疾病、救死扶伤的重大使命。他能帮助众生解脱"身痛、心痛以及命运之苦"。

药师佛是东方净琉璃世界之主。这位佛教中的医者，在敦煌壁画中常以手托钵盂或手持锡杖的形象出现（但需注意的是，并非所有持钵或锡杖的佛像都是药师佛）。在东方净琉璃世界中，众生免受病痛之苦，皆能享有健康之福。药师佛的随从同样人才济济，其胁侍菩萨分别为日光菩萨、月光菩萨（世人称他们为"东方三圣"）。在药师佛的莲花座下，有赫赫有名的"十二药叉大将"，这十二位神将各带领七千药叉眷属来守护着众生。

虽然低调，但是药师佛的地位极其崇高。在《西游记》的排位，药师佛位于四十八位佛中的第二位（仅次于燃灯古佛，甚至高于释迦牟尼佛）。

右边画中的药师佛左手托钵，右手持锡杖，头戴宝冠，脚踏莲花。钵象征药具，意味着消除病痛之苦。

民间有哪些供奉药师佛的习俗？

相传，当人患有重病时，要在药师佛前制作七层灯轮，每层七盏灯，悬挂长度为七七四十九尺的五色彩旗，以求得药师佛的庇佑。据说，诸葛亮在北伐曹魏时，曾因重病在五丈原点燃四十九盏油灯以求延寿。因此，"立幡"和"点灯"成为药师佛信仰的重要表现形式，也是敦煌壁画中描绘药师佛场景的主要内容。

1 药师佛的助手——十二药叉大将 P197

释迦多宝并坐说法图　莫高窟 285 窟　主室南壁　西魏（临摹）

仲夏
恩日
夏至　三候·半夏生

"妙法莲华，诸佛之秘藏也。多宝佛塔，证经之踊现也。"
——《多宝塔碑》

二佛并坐图

在我们印象中，佛像大多是单独一尊或者三尊。那么将两佛并列在一起，有何特别寓意呢？

首先，让我们来认识一下"二佛"。除了"释迦佛"之外，另一位就是"多宝佛"（我们练习书法的时候，多会参研颜真卿的《多宝塔碑》，这里的多宝塔就是这位多宝佛的居所）。多宝塔的故事在佛典《法华经》中有记载。多宝佛是东方宝净世界的教主，曾经发下大愿，待其灭度之后若有讲解《法华经》者，其宝塔自然涌现以作证明。释迦牟尼佛在灵鹫会上说法，忽然多宝塔从地涌出，耸立于空中。此时佛塔中发出声音赞叹释迦牟尼所言不虚。与会者都想看看多宝佛的样子，因此释迦牟尼佛带着听法的徒弟，进入塔内，多宝佛分半座与之。这就是敦煌壁画中释迦牟尼、多宝二佛并坐说法图的由来。

在莫高窟北朝 36 个现存洞窟中，共有 4 个洞窟表现《法华经》中"见宝塔品"这一题材。在莫高窟 285 窟南壁有《释迦多宝并坐说法图》，宝座上释迦牟尼、多宝二佛相对并坐，他们正在热烈讨论着某一话题，身旁有二弟子立于两侧。画面上方有两身著名的裸体飞天，长带飘曳，身态轻盈。

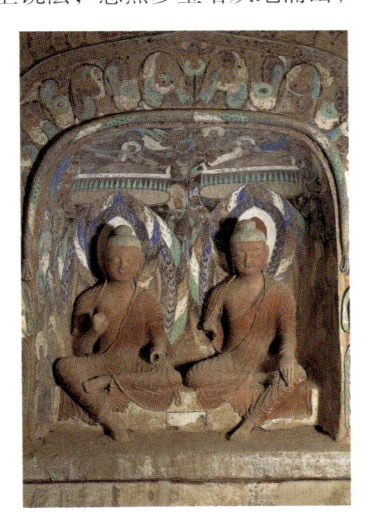

除了莫高窟，我们还能在哪里看见"二佛相会"？

随着法华信仰的流行，中原诸寺中多造立多宝塔来安置二佛。其中炳灵寺石窟 169 窟较具开创性——释迦多宝二佛并坐在覆钵式佛塔中，善跏趺坐。后代二佛并坐的造像中原化特征越来越明显，比如佛塔变为汉地木构佛塔，二佛变为结跏趺坐。

1 "塔"的起源 P215　　1 裸体飞天 P087

燃灯古佛

阿弥陀佛　　　释迦牟尼佛　　　药师佛

弥勒佛

横竖三世佛示意图

仲夏 慈日
夏至 三候·半夏生

"善男子，汝于来世，当得作佛，号释迦牟尼。"
——《金刚经》

"横三世佛"和"竖三世佛"

  当我们踏足雄伟的大雄宝殿，眼前有时会出现中央一尊庄严佛像，而有时则可见三尊佛像并列。中间的佛像自然为释迦牟尼佛，两侧的佛像却或有差异，其奥秘便在于时空的维度。

  往昔，燃灯古佛（过去佛）预言悉达多未来将成佛；今世，悉达多成佛（即现在佛），他亦预言弥勒将成佛。而待释迦牟尼涅槃之后，弥勒便将成为佛（即未来佛）。这三尊按时间顺序排列的佛，被尊称为"竖三世佛"。

  佛教中，我们所居之世被称为"娑婆世界"，其教主即为释迦牟尼佛。而在此娑婆世界之外，尚有另外两个"平行宇宙"：一是西方极乐世界，由阿弥陀佛掌管；二是东方净琉璃世界，则由药师佛镇守。这三尊各自属于不同平行宇宙的佛，合称为"横三世佛"。

  无论是"竖三世佛"还是"横三世佛"，都体现了佛教对时间与空间的深刻理解，以及对过去、现在和未来的智慧阐释。

三世诸佛只指三位佛吗？

  古代的人们很难想象"平行宇宙"这样的时空概念，通过三佛的设置，可以让人们形象地去思考。当然，从时间和空间的维度来看，远远不止三位佛。

莫高诸佛 P051

千佛图　莫高窟 057 窟　主室南壁　初唐（临摹）

仲夏 顺日

夏至 三候·半夏生

"流出光明满十方，光中化佛无数亿"
————《十六观经颂·观音观第十》

千佛图

莫高窟，又名千佛洞，其"千"字并不指具体数目，而是虚指很多，犹如佛教中恒河沙之数，蕴含着"永恒"的深意。

敦煌石窟中，"千佛"图案颇为常见。早期洞窟的四壁，往往布满了千佛的形象，目前保存的 735 个洞窟中，有 343 个绘有千佛图。其中，莫高窟 254 窟尤为引人注目，绘有 1235 尊千佛（原作每尊佛旁均有题名，然岁月侵蚀，大多已无法辨认）。当在昏暗的石窟中点亮油灯，墙壁上的千佛仿佛焕发出光彩，令人震撼。

早期的千佛组合，以红、绿、蓝、白、黄等色彩交错配置，形成有序的图案。千佛图的底色多为赭红，佛像均端坐于莲花座上，头光、身光、服饰的色彩以四身或八身为单元，循环排列，构成斜向的色带。然而，历经岁月沧桑，许多早期的千佛像已色泽脱落，尤其是鼻子、眼睑部分，褪色后仅余白色，形成了标志性的"小字脸"。

千佛在敦煌流行的原因是什么？

学术界有两种主流观点：一种较为理性，认为这是大乘佛教发展的结果，佛陀的形象从一位扩展至无数，如十方诸佛；另一种则较为感性，认为千佛是僧人心中所浮现的幻象，如莫高窟的创建者乐僔所述，"忽见金光，状有千佛"，画师们正是将这样的幻境描绘于洞窟之中。

莫高诸佛 P051

阿难和迦叶　莫高窟 057 窟　主室南壁　初唐（临摹）

仲夏 忠日

夏至 三候·半夏生

"世尊在灵山会上，拈花示众，是时众皆默然，唯迦叶尊者破颜微笑。"

——《五灯会元·七佛·释迦牟尼佛》

阿难与迦叶

佛的十大弟子中为首的就是迦叶和阿难。"拈花一笑"故事的主角就是"迦叶"，"如是我闻"佛经的执笔者则是"阿难"。在敦煌壁画中，阿难与迦叶总是侍立在佛祖的两边，迦叶一般立于佛陀左侧，阿难立于右侧，从而形成"一佛二弟子"的经典构图。

据说阿难是释迦牟尼的堂弟，后跟随出家。他作为佛陀的"助理"，谨记无误佛陀的一言一语，因此被称为"多闻第一"。而迦叶是"头陀第一"，是苦修的代表，自己通过苦苦修行，真正做到了阿罗汉的实证，因此受到广泛的尊敬。

阿难　　　　　　　　　　迦叶

如何从形象上区分阿难与迦叶呢？

画师为了表现苦行僧状，多把迦叶画成老者形象，而把阿难画成青年帅哥的样子。你看上图中的阿难，既聪明伶俐又慈眉善目。

排列组合 P165

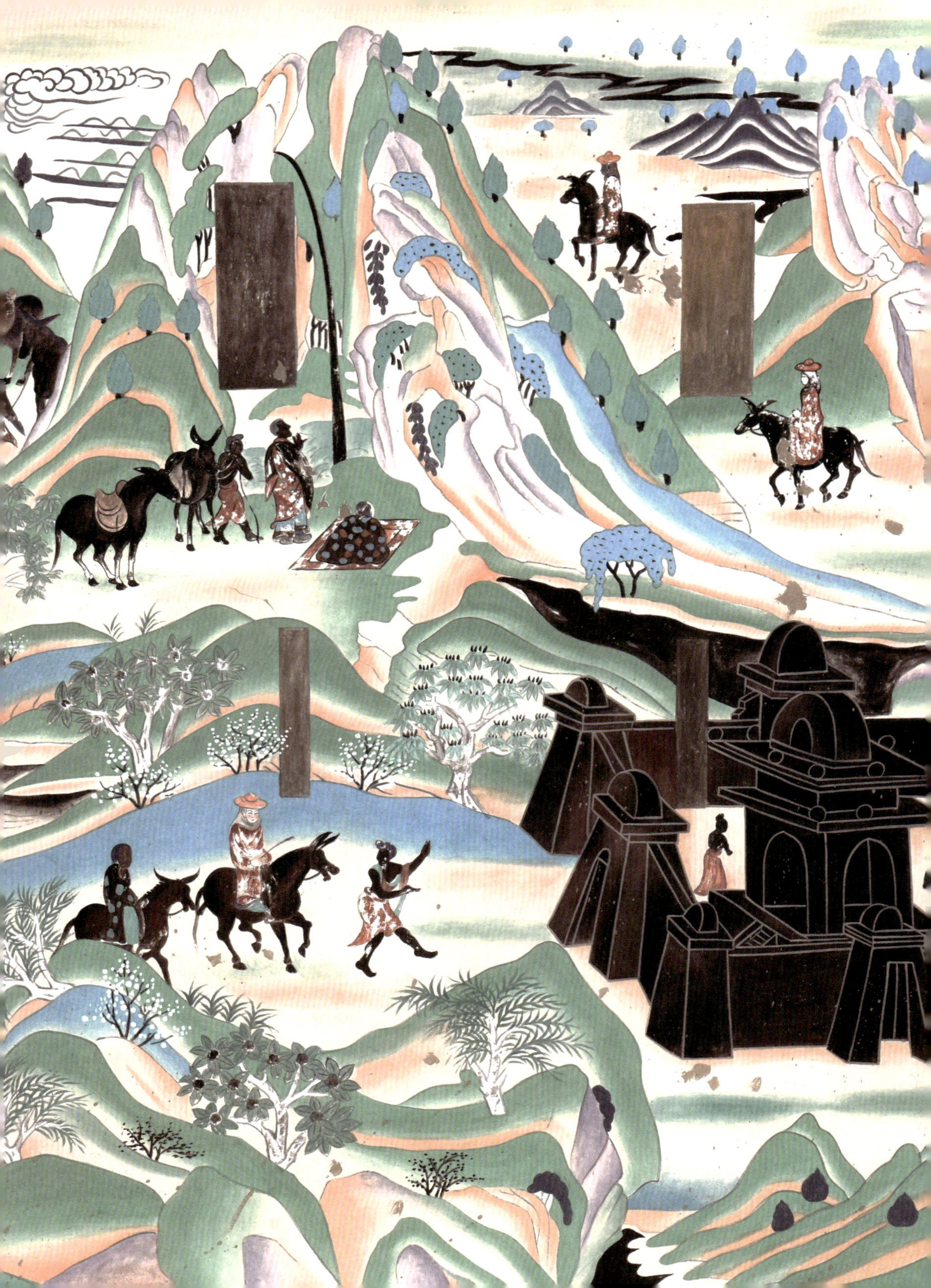

敦煌图鉴

荷月

镜湖三百里,
菡萏发荷花。
——(唐)李白《子夜吴歌·夏歌》

故事画—经变画

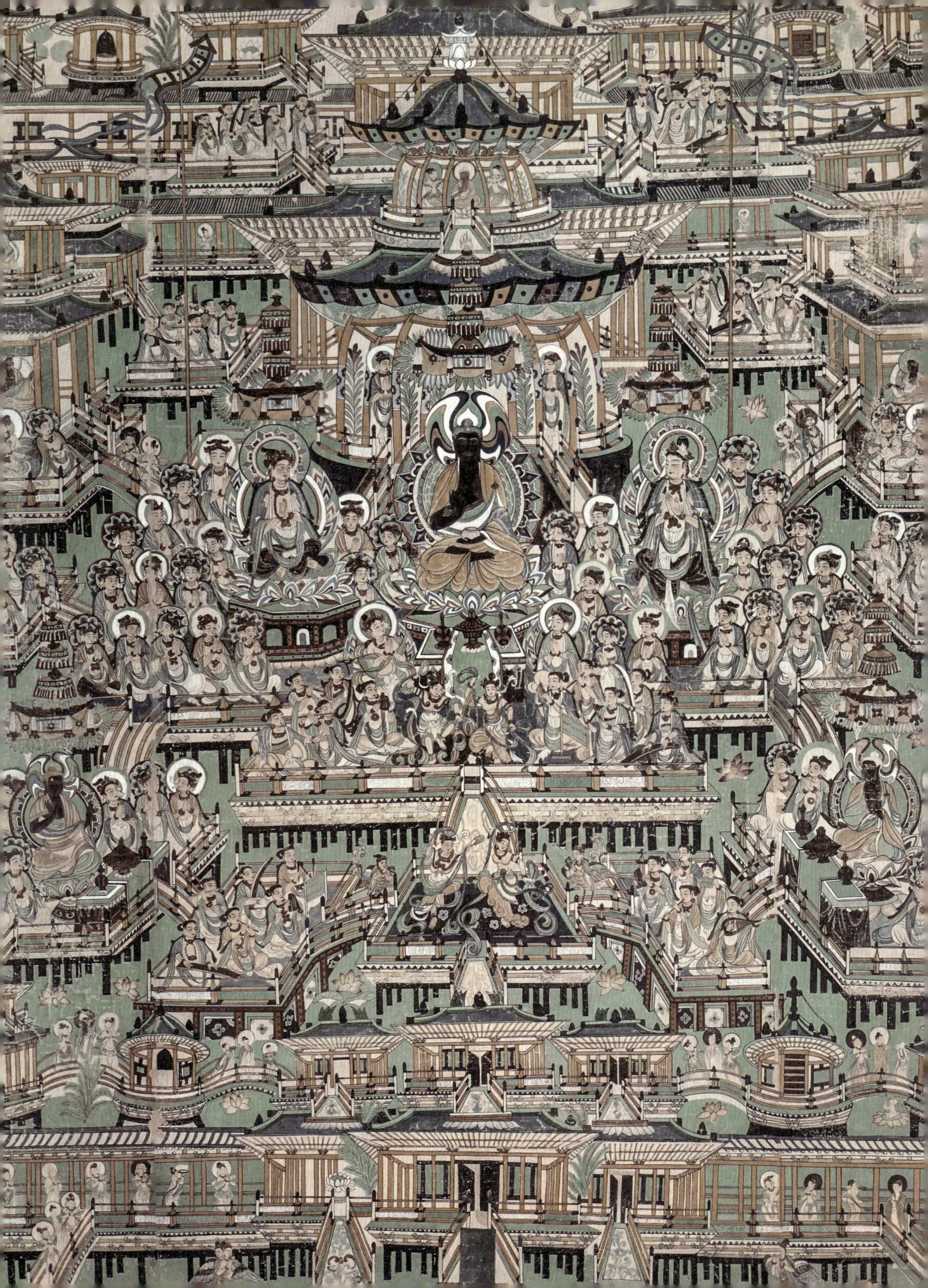

敦煌图鉴

敦煌壁画的艺术题材可谓极为丰富，这里选择了最具代表性的两大类与大家分享。

第一类：故事画。

数量最多，主要描绘三类故事：佛传故事（释迦牟尼如何成为佛的故事），如乘象入胎、出游四门、夜半逾城、降魔变、涅槃等；本生故事（释迦牟尼成佛之前的故事），如舍身饲虎、鹿王本生等；其他故事，如佛弟子和善男信女们的故事，又称为"因缘故事"。

第二类：经变画。

就是画师把复杂难懂的"佛经""变"成通俗易懂的"画"。一般是描绘某部佛典主题思想的绘画，往往面积最大，画面极为复杂和精美。它们是敦煌艺术中跳不开的必修课。

鹿王本生图（局部） 莫高窟257窟 西壁 北魏（临摹）

荷月 元日 小暑 初候·温风至

"诸法因缘生,我说是因缘;因缘尽故灭,我作如是说。"

——《佛说造塔功德经》

佛成佛之前的故事

敦煌壁画中,"本生故事画"的题材占据着重要的地位。古人坚信灵魂不灭,只要在生前积善行德,来世便会拥有更加美好的命运。在这样的信念下,本生故事画应运而生,它描绘了释迦牟尼在成佛之前的诸多前世善举,旨在昭示众人:佛之成佛,是历经无数代的善行的结果。本生故事与小乘佛教紧密相关,因为小乘佛教认为,成佛需经历个人长久的苦修,甚至不惜付出割舍肢体、投身山崖的巨大牺牲。敦煌壁画中,诸如《鹿王本生》《舍身饲虎》《割肉贸鸽》等本生故事画颇为著名,这些故事中舍生取义的情节构成了本生故事的精髓。

这些故事宣扬"因果报应"、"苦修"、"行善"以及"牺牲精神",虽然带有浓厚的宗教色彩,但在当时艰苦的生活环境中,为人们提供了巨大的精神慰藉。因其情节生动,蕴含"真善美"的神话韵味,后世亦为之传颂不衰。

我们熟悉的九色鹿故事也是这种故事吗?

作为本生故事画,《鹿王本生》讲述了九色鹿(佛陀的前生)与落水人之间错综复杂的因果关联。在公元5世纪,这幅故事画沿着河西走廊传入敦煌,进而流传至中原,跨越千年时光,最终登上电视荧屏。世人善意忽略其中蕴含的因果报应,使得九色鹿逐渐演变成为家喻户晓的"真善美"象征。

①九色鹿故事的渊源 P006

割肉贸鸽本生　莫高窟254窟　主室北壁　北魏（临摹）

荷月 丙日
小暑 初候·温风至

"昔天帝释试菩萨，化作鹰鸽，割肉贸鸽处，佛即成道，与诸弟子游行，语云：'此本是吾割肉贸鸽处。'"
——《佛国记》东晋 法显

割肉贸鸽

在莫高窟254窟内，画师们描绘了一个经典的故事——割肉贸鸽。故事讲述了一只被老鹰紧迫追逐的鸽子，走投无路之下，逃至尸毗王（即佛的前世）的手中，寻求一线生机。

尸毗王满怀悲悯之心，与老鹰展开了一场谈判，试图说服它放过猎物。然而老鹰却反唇相讥："若我不食鸽子，我将饿死，你难道只关注鸽子的安危，而忽略我的生命吗？"

在听闻老鹰的要求后，尸毗王询问其所需，老鹰表示它需要与鸽子同等重量的新鲜肉作为食物。经过深思熟虑，尸毗王决意用自己的血肉之躯来换取鸽子的生存。

于是，尸毗王的属下开始割取他的肉，并摆放天平以称重。然而无论割下多少肉，天平始终倾向于鸽子一侧。最终，尸毗王忍受着剧痛，毅然坐上了天平，这一刻，天平终于平衡了。

伟大的尸毗王因为一只小小的鸽子献出了自己的生命。家眷们悲痛欲绝之时，大地为之震动，天空飘洒着缤纷的花瓣与飞天。原来，老鹰乃天神化身，其目的在于试探尸毗王的诚心。

看似混乱的画面中，画师巧妙地运用"异时同图"的构图手法，将这一故事的始末完整地展现于世人眼前。

今天的我们应该如何理解这个故事？

这是一个宣扬佛陀前世美德的故事。佛教中认为，我们施舍任何东西都是容易的，只有生命才是最难施舍的。今天的我们也可以理解为宣扬"生命的平等"：鸽子和老鹰在生命上是平等的；而贵为君王的人，在生命这个层面上和鸽子也是平等的。

异时同图 P227

舍身饲虎本生　莫高窟 254 窟　主室南壁　北魏（临摹）

荷月 戊日 小暑 初候·温风至

"忽闻八字超诗境，不借丹躯舍此山。"
——《题半偈舍身山》唐 玄奘

舍身饲虎

相传在宝典国有三位太子，其中幼子萨埵颇具仁慈之心。一日，三位太子同游山林，偶遇一只饥饿至极的母虎，正准备吞噬其幼崽，此景令他们心生怜悯，却又无计可施。归途中，萨埵太子对那只濒临饿死的老虎念念不忘，遂哄骗两位兄长先行返回宫中。

萨埵独自重返山崖，决意救助那只老虎。然而，四周并无食物可寻，于是他决定牺牲自己，喂养老虎。但老虎因饥饿过度，连吃肉之力皆无。萨埵太子遂用松针刺破喉咙，自山崖跃下，让老虎先舔食其鲜血以恢复体力，再吞噬其身。两位太子久等萨埵不归，遂与父母一同寻找，只见山崖之下，萨埵太子只剩一堆白骨，四人悲痛欲绝。此时，天神显现，世人为了纪念萨埵太子的善举，筑塔供奉。

画师运用传统的"异时同图"技法，巧妙地将萨埵太子的不同情节浓缩在同一画卷之中。

今天的我们，应该怎样看待这个故事？

舍身饲虎的故事旨在歌颂萨埵太子的牺牲精神，但对于家人而言实在太过残忍。萨埵太子因怜悯老虎付出了生命，却将悲痛留给了深爱自己的家人。站在今天的视角，不禁让我们反思：这样的行为真的值得推崇吗？

异时同图 **P227**

舍身饲虎本生　莫高窟 428 窟　东壁　北周（临摹）

荷月 庚日

小暑　初候·温风至

"山僧失口曰：恶习虎不食子。"
——《五灯会元·杭州龙华寺灵照真觉禅师》宋　释普济

虎虽毒，不食子？

"虎毒不食子"作为俗语，其引申的意思是父母对于子女有天生的保护欲。然而，令人遗憾的是，"虎毒不食子"只是我们人类强加在老虎身上的美好愿景罢了。

现实中的老虎作为一种食肉猛兽，"弱肉强食法则"在它们身上体现得淋漓尽致。若小老虎身上沾染了其他的气味或过于饥饿，母虎甚至会将小老虎吃掉。

莫高窟428窟的这只母老虎看来饿了很久了，它正在准备吃掉自己的孩子。而身边的小老虎们并不知道危险的来临。也许正是看到这一幕，萨埵太子才下定决心献出自己的生命来拯救小老虎们的生命，避免惨剧的发生。

舍身饲虎这两幅画在画法上有什么不同？

同为描述舍身饲虎这个故事，不同时代的画师运用迥异的画法画成不同的样子。北魏采用的是"异时同图"方式，北周的画师用的是今天我们更为熟悉的"连环画"方式。值得注意的是，画面中连绵的山脉很自然地为画面起到了场景分割的作用。

舍身饲虎 P077

乘象入胎　莫高窟 329 窟　主室西壁　初唐（临摹）

荷月 壬日

小暑 初候·温风至

> "梦中白象坐,星转圣胎落。"
> ——佛典

乘象入胎

释迦牟尼,本是天界一位尊贵菩萨,他选择了降临人间修行成佛,以便普度众生。

在那时,释迦族的国王与王后虽然结婚多年,却未曾拥有子嗣。一日,王后在梦中见到一位菩萨驾驭着一只洁白的大象,从她的右胁缓缓进入腹中。顿时,四周光明璀璨,天女翩翩起舞,花瓣飘散如雨。王后醒来,将此神秘梦境告知国王。国王听闻后惊喜万分,急召国师占卜。国师断言,王后腹中怀的是一位具有超凡智慧的圣者,将来定能照耀整个家族。

这幅壁画生动地描绘了王后的梦境:"菩萨骑象降世"。画面中洋溢着佛陀即将诞生的欢愉气氛:前方有乘龙仙人引路,菩萨斜倚于白象之上;两位力士合力托举着踏莲的白象,白象四蹄轻快地在莲花间奔跑;象牙之巅绽放出莲花,两位罗汉立于莲花之上,静待佛祖的降生。这些细节共同构成了一个充满象征意义的场景,是对释迦牟尼佛诞生故事的艺术再现。

故事中的白象,为什么画面中变成棕色了呢?

这应该是一头浑身洁白的大象,奇怪的是,今天的我们看到的大象却是深棕红色。这是为什么呢?原来,当时画师描绘大象的时候用了大量的铅白色。而含铅的颜料暴露在空气中后氧化变色了,于是大象就由白色变成了深棕红色。

1 六牙白象 P015

夜半逾城　莫高窟 329 窟　主室西壁　初唐（临摹）

荷月 甲日
小暑 二候·蟋蟀居壁

"车匿即鞍马毕，太子乘已，初举步时，大地六种震动，升空而去，四大天王捧承马足，梵王帝释翊从引路。"
——《释氏源流》明 释宝成

夜半逾城

佛传中有一个经典故事叫"夜半逾城"，具有强烈的神话色彩。

出游四门之后，悉达多太子有感人世间生老病死各种痛苦，更加坚定了自己离开王宫外出修行的想法。但是爱他的父亲（净饭王）派了很多人来守护他，于是趁着夜半众人沉睡的时候，太子悄悄离开了王宫，在诸天神佛的帮助之下顺利翻越了高大的城墙。

莫高窟 329 窟西壁就描绘了这个情景：为了帮助太子悄无声息地离开，有四位力士各自承托着一只马蹄飞越城墙。

太子骑在马背上，双手拉拽缰绳，似乎是在安抚马儿的情绪，让它不要因为突然浮在空中而惊慌失措。前方还有一位骑虎的仙人为他开路，保证畅通无阻。太子身后有力士护航，威慑力十足。太子上方的天空中还有飞天相随，周身花瓣围绕，美不胜收，一派祥瑞。

太子为什么要不告而别离开家？

这个被后世不断赞颂的故事，不是为了表扬太子的"任性"，而是为了展现太子为完成重要的使命而放弃舒适的王宫生活。

魔王拔剑　　　　　　　　　　　　　　魔众进攻

魔女扰乱　　　　　　魔众拜服　　　　　　变为老妪

降魔变　莫高窟254窟　主室南壁　北魏（临摹）

荷月

小暑 二候·蟋蟀居壁

"降魔成道终成佛"
——佛典

降魔成道

  降魔成道是佛传故事的重要主题之一，主要描述在成佛过程中，佛陀面对各种恶魔的威逼利诱而不为所动，最后降伏了魔军。中国的隋、唐、宋、元时期，从印度、中亚、龟兹到敦煌再到中原，都有描述"降魔成道"的艺术作品。

  莫高窟254窟的《降魔变》是敦煌石窟中最早的一幅降魔成道壁画，极为经典。整个画面呈中心对称构图，佛陀居于画面正中，在菩提树下结跏趺坐，形象高大坚定，在群魔之中坚如磐石。

  两旁的空间，描绘了众魔攻击佛陀的场景。右侧为魔王，穿着盔甲，正怒视佛陀，拔出利刃。佛陀右下方占比例较小的是魔王的三个女儿，身着龟兹装，身披大巾，腰束长裙，穿半袖外套，头戴宝冠，企图以女性魅力动摇佛陀的意志力。

  这幅画面的构图方式，是一种主体式"异时同图"结构，把复杂的情节组合在同一画面上，铺排有序，多而不乱，主题鲜明。

画师是如何表现魔众和佛陀的？

  画师精心画出了魔军百态。大部分魔众都面目丑陋，有的人身羊首，有的肚子上还长着一张脸，有的五官皱在一起。除了一众丑陋的邪魔外，最引人注目的是左下角魔王的三个女儿，她们搔首弄姿，衣着极具异域风情。端坐正中岿然不动的佛陀与他们形成了鲜明的对比，佛陀的周身光芒似乎在宣告：哪怕外界风吹雨打，我自岿然不动。因为，所有的魔都是心魔。

异时同图 P227

084 / 085

举哀菩萨　莫高窟 158 窟　西壁　中唐（临摹）

荷月 小暑 二候·蟋蟀居壁

"哀莫大于心死，悲莫过于无声。"
——《庄子》

众生举哀

  释迦牟尼在 80 岁的时候召集大家，告诉他们自己即将涅槃。聚集在他身旁的，有因佛陀涅槃而悲伤举哀的菩萨、弟子、神将、王公、动物等。

  因为对佛陀涅槃的理解不同，大家的表现也各不相同。菩萨们认为涅槃是一种超脱，所以相对淡定；而弟子和罗汉们面对佛的离去，表现出哀伤。有的弟子还能专心聆听教诲，有的则完全沉不住气，转过头开始议论纷纷；以吐蕃赞普和中原帝王为首的帝王们或失声痛哭，或割耳刺胸，表示哀痛。当释迦牟尼涅槃时，各种动物发出悲鸣表达哀思，仙鹤屈膝行礼，小鹿下跪送行；有大雁从远方飞来，嘴衔莲花，用鲜花向佛表示哀悼和敬仰。

  画师们运用巧妙的艺术手法创造出这些呼之欲出的逼真形象，使画面引人入胜、感人肺腑，烘托出众生面对佛陀的涅槃举哀这一主题。画师通过对色彩明暗、深浅的处理，营造出了一种沉重、哀伤的氛围。

在绘制举哀图的时候画师有什么现实依据吗？

  史料记载：贞观二十三年（公元 649 年）唐太宗驾崩，朝贡者数百人，他们号啕大哭、剪发、嫠面、割耳削鼻、流血洒地。在《涅槃经变》的众生举哀图中，敦煌画师们用接近写实的方式再现了这些特殊的哀悼习俗，可以算得上是珍贵的民俗史料。

善友太子故事　莫高窟061窟　南壁　五代（临摹）

荷月　己日

小暑　二候·蟋蟀居壁

"善有善报，恶有恶报，不是不报，时候未到。"
——《增广贤文》明　佚名

善友太子入海求宝珠

自古以来，"因果报应"题材的故事（就是我们熟悉的好人有好报）一直受到广大百姓的欢迎，在民间广为流传。

敦煌壁画中这个故事的主人公——善友太子，为了百姓幸福，带着五百个壮士去龙宫取宝珠，结果在回程的路上遭弟弟恶友暗害，被刺瞎双眼并抢走宝珠。结果善友流落到邻国，为王宫看守果园。善友靠筝声吸引了邻国公主，公主对树下弹筝的善友一见钟情，不顾一切地要嫁给他。最终有情人终成眷属，而且在爱情和牛王的帮助下，善友的眼睛也得以复明。

故事有一个皆大欢喜的结尾，善友感动了恶友，宝珠失而复得，为百姓带来了甘露。据说，当时的善友太子就是后来的释迦牟尼，恶友就是世代陷害释迦牟尼的提婆达多。

莫高窟 061 窟南壁就绘制了这个故事的经典情节：牛王舐目——善友得到牛王舐目从而复明；树下对坐——善友在果园干活遇到公主，二人在树下倾心交谈，抚琴而歌。

这个故事有什么特殊背景吗？

这幅故事画是根据佛典《报恩经》中的一个故事绘制的。画师在经变图周围采用类似连环画的方式来讲述忠孝与报恩的故事。

《报恩经变》——历史上的谜团 P133

五百强盗成佛图　莫高窟 285 窟　主室南壁　西魏（临摹）

五百强盗成佛

　　莫高窟 285 窟南壁的《五百强盗成佛图》，可以说是敦煌现存最早的因缘故事画。故事讲的是在古印度的侨萨罗国，有五百名强盗，烧杀抢掠，无恶不作。于是国王派精兵强将他们抓获。国王认为直接处死他们惩罚太轻，于是下令挖掉这些强盗的眼睛，割掉他们的耳朵和鼻子，再将他们放逐到深山老林中自生自灭。强盗们被丢到山林里之后，整日被伤痛折磨得死去活来。当他们的哀号传到释迦牟尼那里，释迦牟尼用神通帮助他们复明。最终，五百强盗皈依佛法出家为僧，成为佛的弟子。这个故事也被称为"得眼林"。而这五百名强盗，就是我们熟知的五百罗汉。画师在图中创意性地以五个人来替代五百强盗（也有人说这是指"眼、耳、鼻、舌、身"五贼）。

| 荷月 辛日
| 小暑 二候·蟋蟀居壁

"放下屠刀,立地成佛。"
——《五灯会元》宋 释普济

这幅《五百强盗成佛图》,以连环画的方式详细描绘了五百强盗各阶段的画面,根据画面所占篇幅可分成上下两部,上部分是强盗作恶、被剿、行刑和流放,下部分是洗心革面、修行成佛。

敦煌画师们在这幅图中做了哪些创新?

与北魏壁画中人物形象还保持着古印度的外来风格不同,西魏的画师已经开始采用中原化的绘画方式,这种画风就是瓜州刺史东阳王元荣从中原带来的全新风格——"秀骨清像",造型以线描为主,敷色淡雅,减少了西域式的凹凸晕染法。故事中的古印度国王也被画师画成了头戴通天冠、身着大袍、手挥麈尾的中原帝王形象。

1 这对斗鸡,据说在屋檐上斗了一千多年 P063

化城喻品　莫高窟 217 窟　主室南壁　盛唐（临摹）

荷月 官日 小暑 三候·鹰始挚

"譬如五百由旬险难恶道，旷绝无人，怖畏之处，若有多众，欲过此道至珍宝处，有一导师，聪慧明达，善知险道通塞之相，将导众人欲过此难，所将人众中路懈退，白导师言：我等疲极，而复怖畏，不能复进，前路犹远，今欲退还。"

——《妙法莲华经》

化城喻品

《法华经》中描述了这样一个有趣的故事。一群人去远方寻找宝藏，历经千难万险后，大家都感到疲惫不堪，有人产生了放弃的念头。这时，智慧的导师便为大家幻化出一座城池，城中亭台楼阁、曲水流觞，一应俱全。众人欢欣异常，身上的疲惫顿时消散。而正当人们准备进城享受舒适生活的时候，导师又使城池消失了，告诉众人这里只是暂时休息的场所，不能就此满足，只有坚持才能到达终点。最终，众人追随导师找到了"宝藏"。因为佛所说的"城"本来并不存在，却能化现出来，故此品名为"化城喻品"。

这幅经变画中，敦煌画师以丰富的想象力和高超的绘画技艺创作了一幅春季明媚的山水人物画。曲折的河流，重叠的山峦，盘旋的道路，路上有一仆二主。仆人牵马，二主乘骑，他们穿越在曲折盘旋的道路中。路途中有三次停歇，最后在仆人的引导下，二主乘马进入一座西域的王城。

这个故事给今天的我们什么启发呢？

这个故事是不是和我们熟悉的"望梅止渴"故事很像？我们常会因一个看不到希望的遥远宏大目标而选择中途放弃，所以有必要设定一个个小目标，这样才能坚持到终点。学习也是一样的道理。

只此青绿的"绿" P253

须阇提太子故事画　莫高窟061窟　主室南壁　五代（临摹）

荷月 癸日
小暑 三候·鹰始挚

"割肉还母，剔骨还父。"
——《西游记》明 吴承恩

须阇提太子

小时候，看到《哪吒》故事中哪吒削肉剔骨的情节，就会忍不住流下眼泪，觉得太残忍了。

早期敦煌壁画中，类似割肉的题材比比皆是，比如这个来自《报恩经》的故事。古代有个奸臣打算谋害国王，国王得知讯息后迅速带着王后和太子逃出王宫。由于行动匆忙，他们并没有准备足够的食物。为了保住自己和儿子的性命，国王打算杀妻食肉。太子为保全父母性命，愿割下自己的肉供父母充饥。数日后，太子肉身殆尽，生命垂危，劝父母弃他前行逃命。其孝道被天神知晓，天神化作狮子虎狼来啃其骨，太子依然愿以残肉剩骨供狮虎充饥。太子这份孝心和慈悲感天动地，于是天神将他的身体恢复。而太子的事迹传到了邻国，邻国国王也深为感动，帮助其平叛复国。

该故事在莫高窟诸多洞窟中都有出现。这个太子的名字叫须阇提（是佛的前世）。

须阇提太子的故事是不是太残忍了？

这个有点惊悚的故事，不由让我们叹息：难道古代竟然是这样弘扬孝道的？过去须阇提太子因他的孝心而被称赞，但今天的我们应该学习的是他的品德而不是他的行为。"割肉侍亲"是生死攸关之际不得已而为之的极端行为，类似舍身饲虎、割肉贸鸽，是艺术创作的夸张手法，为了渲染出强烈的感染力。

割肉贸鸽 P075

梵志摘花坠命因缘　莫高窟428窟　东壁　北周（临摹）

荷月

小暑 三候·鹰始挚

"花开堪折直须折,莫待无花空折枝。"
——《金缕衣》唐 佚名

为爱人摘花

敦煌壁画中是不是都以威严肃穆的神佛和说教为主题呢?当然不是。除了宗教,敦煌壁画也涵盖人间故事、建筑山水等诸多方面。

在这里,画师们就描绘了这样一个人间爱情故事:故事的主人公叫梵志,是古印度一位家境富有的青年,后与一位年轻美貌的女子结为夫妻,可谓美满幸福。某日夫妻二人来到花园中赏花,看到树木枝繁叶茂,鲜花怒放,二人十分有兴致。梵志便爬上树为心爱的人摘花,妻子得到花后,爱不释手,于是又求梵志再摘一枝。梵志再次爬上树,谁知树枝突然折断,梵志坠地身亡。梵志的突然死亡,使一家人由幸福美满转眼陷入了深深的悲伤中。为此梵志的父亲向佛请教。佛说,你的儿子在前世时曾帮助小孩射杀了树上的一只山雀,所以才有了这样的结果。

这则"梵志摘花"的故事,以故事画的形式被记载在敦煌莫高窟428窟的壁画中,仅此一幅。这则故事,体现了佛教中的因果报应,也告诉人们不要随意杀生,要善待生命。

敦煌画师是如何来表现这个悲伤的故事的呢?

在描绘这个故事时,画师选取了"丈夫在树上摘下花朵,递给树下的妻子"这一幸福画面。让美好的时刻永远定格在壁画中,也许是画师内心对这对夫妻的祝福吧。

药师经变　莫高窟 231 窟　北壁　中唐（临摹）

荷月 尧日 小暑 三候·鹰始挚

"经变画，就是把佛经变成画。"
——敦煌研究院名誉院长 樊锦诗

经变画——古代画师的伟大发明

佛教传入中国之后，文字一直是传承佛教教义的重要形式。但在古代，平民百姓基本上都是"大字不识一个"，根本看不懂佛经。加上佛教经文由外来语言翻译而来，更是难以理解。

于是，为了让更多的老百姓接受佛教，佛教徒们不得不采用更容易被大众理解的方式。从翻译佛经到讲经说法，到建立寺庙、石窟造像，都是为了更加浅显地宣扬佛陀的伟大。

经变画，正是敦煌画师延续这一传播思路的发明创造。打个比方，经变画类似于现代图书中的插图。在高僧讲经的时候，经常会利用纸本的经变画进行讲解，说到佛经中描绘的内容就指给大家看，这样能够便于人们理解，具象化的画面也更容易形成深刻的记忆。

要把经书上晦涩难懂的故事转变成通俗易懂的绘画，对于画师们而言难度不小。他们用大师级的绘画技巧，把纯文字的佛经转化成直观而强烈的画面视觉。与早期那些看起来血淋淋、舍身饲虎类的故事画相比，唐代画师们把注意力放到了对"净土世界"的描述上。

这幅《药师经变》，位于画面正中央的是主角药师佛。整幅壁画以绿色为主要背景色，代表绿水清波，水面上依稀可见盛开的莲花。壁画中的楼阁式建筑都建于水上，亭台水榭井然有序地排列开，主楼与副楼之间有回廊相接。众多菩萨端坐其中，疏密有致，主次分明。

画师在创造经变画的过程中，有哪些现实参考呢？

画师们当然没有亲眼见过净土世界，所以对于经书中虚构出来的建筑形象和人物关系，都需要以现实世界为参考。最美好的世界应该就是皇帝所居住的宫殿吧？来自印度的宗教画就这样变成了唐代宫殿的写实画。因此通过经变画我们能看到诸多当年多姿多彩的社会生活，如唐代的宫殿、古时的器物和舞蹈等。

西方极乐世界 P013

说法图　莫高窟249窟　北壁　西魏（临摹）

| 荷月 帝日
小暑 三候·鹰始挚

"什以说法之暇，乃寻访外道经书。"
——《高僧传·译经中·鸠摩罗什一》梁 释慧皎

早期说法图

顾名思义，"说法图"就是表现佛陀为众生说法的场面。这是敦煌石窟中出现最早、持续时间最长的壁画题材。

画面中央的释迦佛及胁侍菩萨分别立于宝池莲花上。佛身修长，右袒袈裟，右手持法印于胸前。胁侍菩萨戴三珠宝冠，着帔巾长裙或袈裟，体态优美，富有变化。释迦佛上方饰有华盖，华盖两侧飞天翩翩起舞。画面两侧为正在聚精会神听法的千佛。

画面形式简约、内容纯粹，在洞窟中既能独自成幅，又能与其他主题的壁画相呼应，构成一个相对独立完整的佛国世界。

从风格上看，此说法图整体画面融合了中原和西域的两种风格，画面呈中心对称，富于装饰性。分布在主画面周围的漫天神佛，造型看似差不多，但画师用不同颜色进行了区分，从而创造出"千佛同窟"的壮观画面。

说法图是经变画吗？

从时间上看，说法图可以看作经变画的早期雏形；正是在历代画师的不断努力下，壁画的构图和内容不断演进，在唐代出现了画面极为丰富的经变画。

千佛图 **P063**

观无量寿经变 榆林窟 025 窟 主室南壁 中卣（临摹）

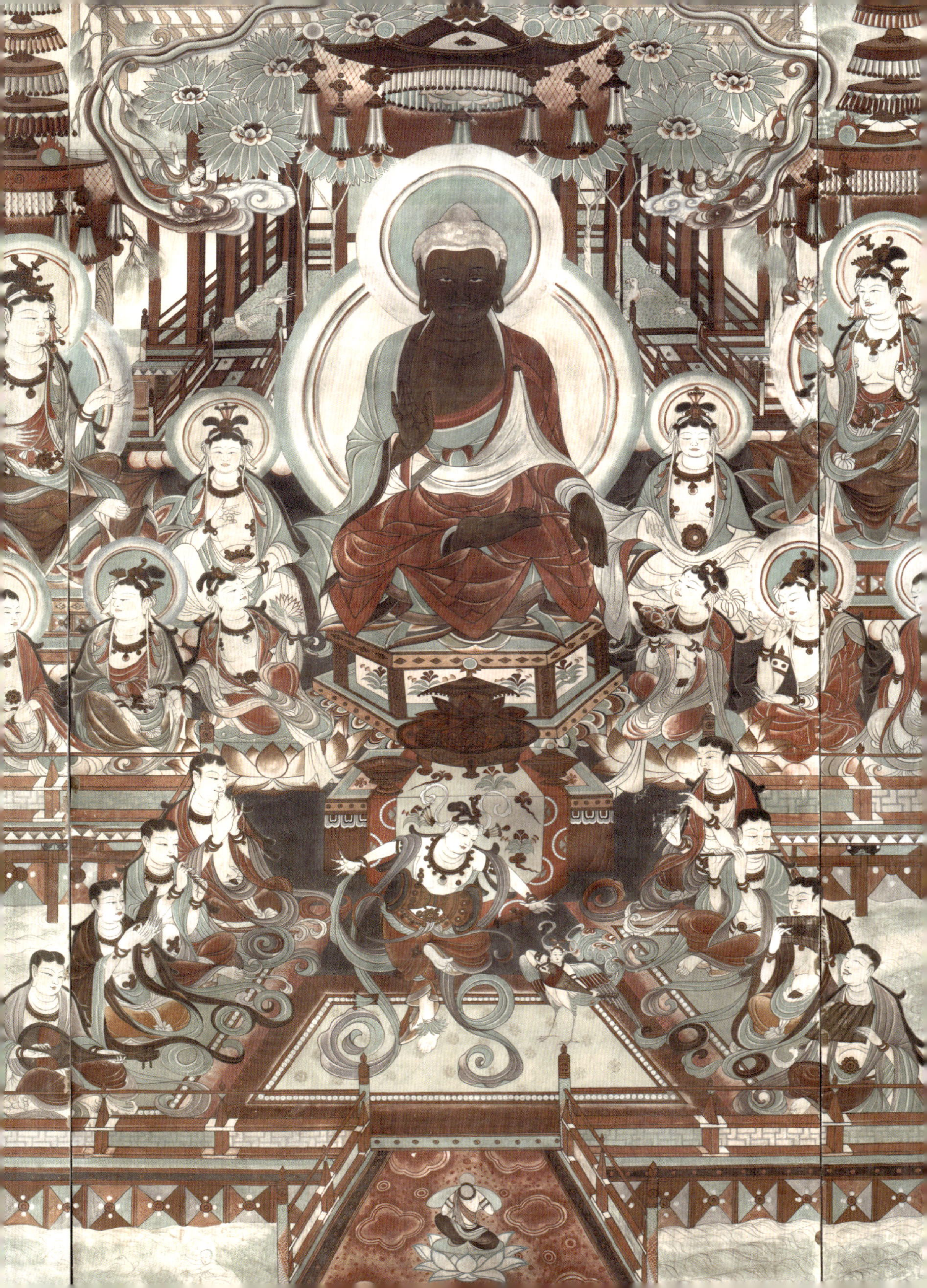

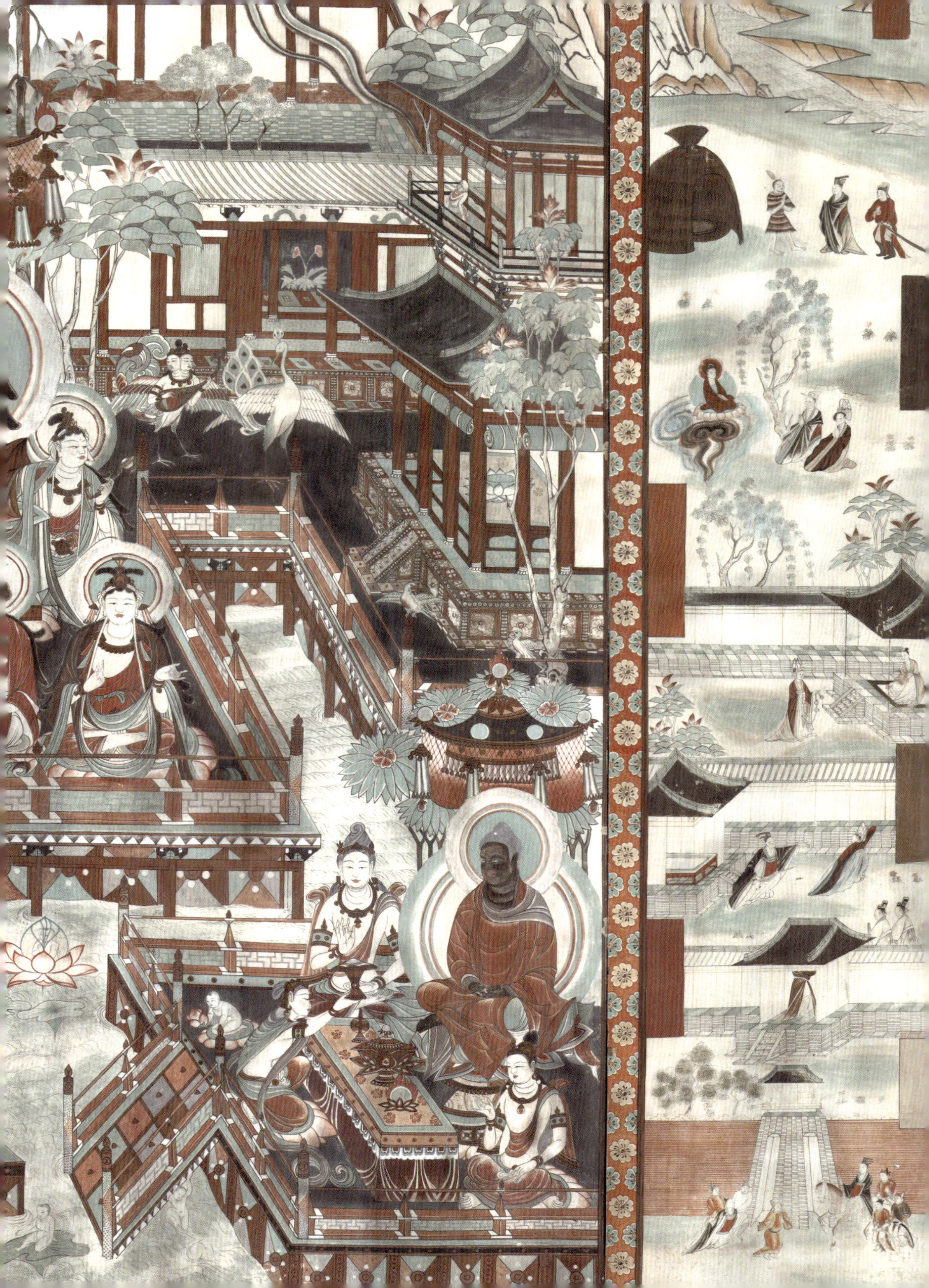

荷月 哲日

大暑 初候·腐草为萤

"一切有为法，如梦幻泡影，如露亦如电，应作如是观。"
——《金刚经》

《观无量寿经变》

榆林窟025窟被称为"敦煌石窟艺术之冠"，而藏于其中的《观无量寿经变》称得上是这顶王冠上的明珠。

除了宏大的说法场景，《观无量寿经变》更是一本令人印象深刻的"古代故事会"。从画面构图上，可以分为两个部分：画面两侧绘有观音和大势至菩萨，内幅壁画中情节自下而上，表现了"未生怨"（右侧）和"十六观"（左侧）的故事。

画面主体是在我们眼前所展现的极乐世界：无量寿佛讲经说法的盛大法会场景和雄伟壮丽的亭台楼阁，其中的细节刻画（如唐代建筑、妙音鸟、不鼓自鸣等）给人们留下了深刻印象。

最值得我们注意的是，《观无量寿经变》的故事主角不是画面中央的主尊，而是正下方舞蹈的伎乐天面前那个小小的跪拜身影——韦提希夫人。

《观无量寿经变》的特点何在？

它与《无量寿经变》常见的净土经变题材不同，前面增加一个"观"字，以"韦提希夫人"的视角带入。当你试着用"韦提希夫人"的视角来看，会有更深的感触。正是出于这种情感的共鸣，在不同的洞窟中，历代敦煌画师们都会摹绘这幅作品。

《观无量寿经变》（上）——未生怨 **P107**

佛陀在耆阇崛山隐没 　　　　　　　　国王进山寻找仙人

佛陀为国王讲法 　　　　　　　　　　王后璎珞藏食探望国王

大臣阻挠王子拔剑杀母 　　　　　　　王子发动政变囚禁国王

未生怨　榆林窟025窟　主室南壁　中唐（临摹）

荷月 明日

大暑 初候·腐草为萤

"一饮一啄，莫非前定。兰因絮果，必有来因。"
——佛语

《观无量寿经变》（上）——未生怨

"未生怨"与"十六观"，二者共同构筑了《观无量寿经变》的序章。所谓"未生怨"，即指尚未出生便已结下的深仇大恨。

故事讲述了一位年迈无嗣的国王与王后（即韦提希夫人）的迫切愿望——渴望拥有子嗣以继承王位。某日，一位方士向国王献策，告知城外山中有一位仙人，其死后灵魂将转世为国王之子。国王闻言，不择手段迫使仙人丧命。然而，即便如此，王后依旧未能怀孕。方士再次进言，称仙人已投胎为兔子，国王随即派人将其射杀。果不其然，王后随后怀胎，生下了太子，即后来的未生怨王。

太子成年后，受他人怂恿发动政变，将父王囚禁，意图饿死之。韦提希夫人得知此事后，暗中探视国王，以璎珞盛满葡萄浆，身体裹上酥蜜，从而使得国王得以苟延残喘。二十一日后，未生怨王发现老国王仍存活，得知真相后怒不可遏，拔剑欲杀父母。在大臣们的竭力劝阻下，未生怨王方才作罢，转而将韦提希夫人一同囚禁。

韦提希夫人在狱中悲从中来，虔诚念佛，并向佛陀询问，为何她会遭遇如此的人间惨剧。可见，即便是尊贵的王后，亦难逃人世间的苦难。

未生怨故事想说明什么？

这个东方神话与希腊神话中的悲剧《俄狄浦斯》颇有相似之处，不过所体现的是佛教的因果报应：王后遭逢厄运，佛陀道说因果，原来今日恶果与当初该夫妇杀仙人求子等一系列行为是有着因果关系的。

《观无量寿经变》（下）——十六观 P109

观落日和池水冰裂 　　　　　　　观池中生莲花

观宝树和宝楼 　　　　　　　观佛、宝珠和莲花座

观僧人和须弥座 　　　　　　　生想观

十六观　榆林窟025窟　主室南壁　中唐（临摹）

荷月 正日 大暑 初候·腐草为萤

"正坐西向，谛观于日，令心坚住，专想不移。见日欲没，状如悬鼓。既见日已，开目闭目皆令明了。"

——《佛说观无量寿佛经》

《观无量寿经变》（下）——十六观

《观无量寿经变》的核心就在于第一个字"观"，整体画面基本上是对故事缘由的说明和"如何看到西方琉璃净土世界"的方法大全。

韦提希夫人的祈求被如来佛听到之后，如来佛就把未生怨故事的前后因果告诉了她，并告诉她如何解脱的修行方法（包括日观、水观、地观、宝树观、八功德水观、总观、华座观、像观、佛身观、观世音观、大势至观、普观、杂想观、上辈观、中辈观、下辈观）。观行方法有十六种之多，所以合称为"十六观"。

以"日观"为例，以落山的太阳来修第一观。先实际观察落日，正对西方看那欲落的太阳，在其轮廓清楚、光线柔和且不刺眼的时候，睁开眼睛看，称为"取相"。看一会儿后闭着眼睛想，让刚刚所取之相——欲落太阳的影像在心中浮现。若是现不出来或不清楚，则睁开再取相，看了再闭着眼睛想。天天用功，直到闭眼开眼，皆见落日景象。然后回到静室打坐，此时房间里虽然没有太阳，但只要闭着眼睛便可见到那欲落的太阳，形状就像大殿里悬挂着的鼓一样，而观想之心，专注不乱，等到闭着眼和开着眼都看到一个状如悬鼓的落日，分明在心中映现，这一观就算修习成功了（其他修炼方式，也可以以此类推）。

今天我们如何理解十六观呢？

古人十六观的方法，对于今人而言可以理解成一种类似修禅定的方法。保持专注力，不胡思乱想，就能达到"明心见性"的境界。

弥勒经变　榆林窟 025 窟　主室北壁　中唐（临摹）

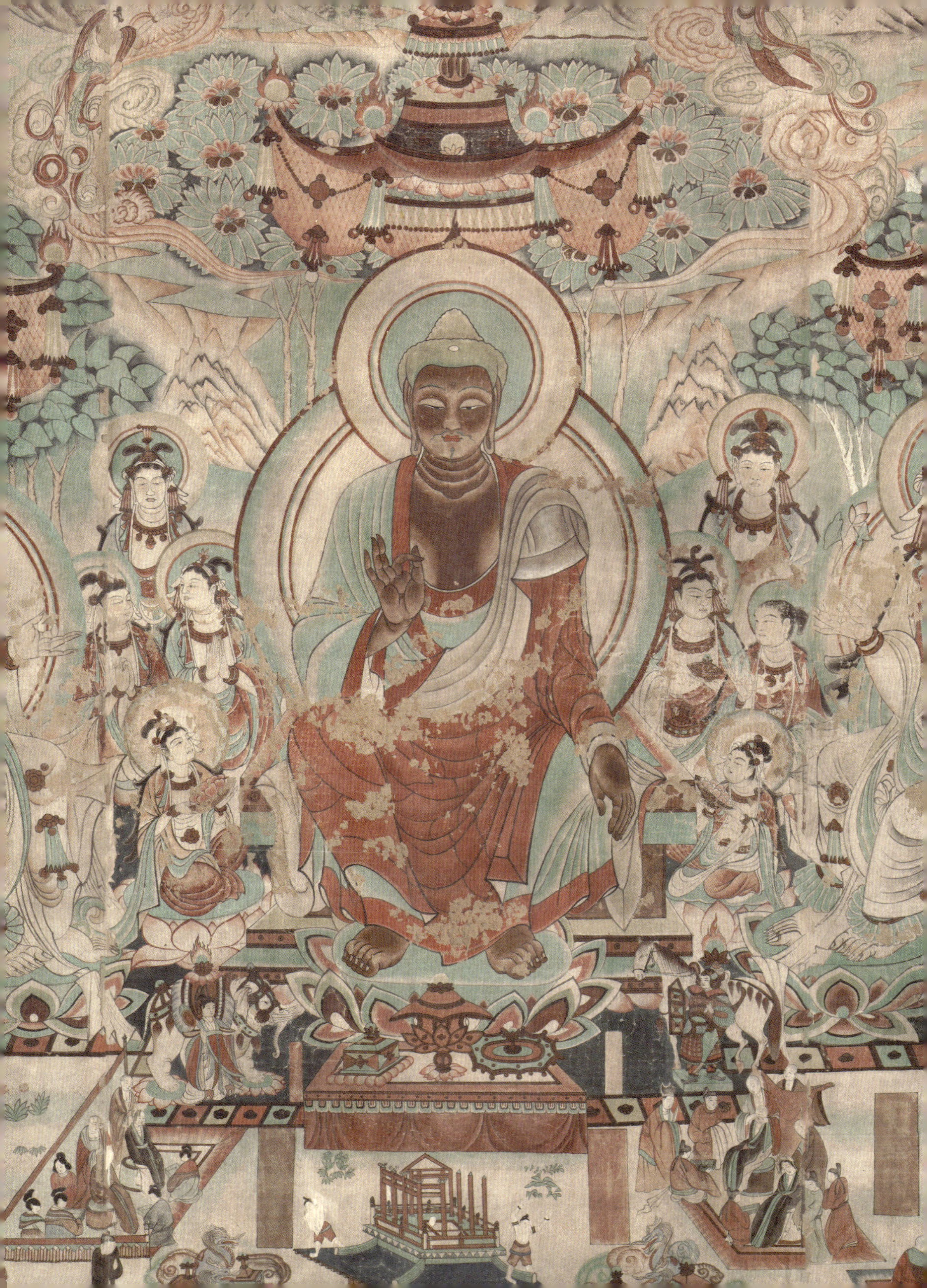

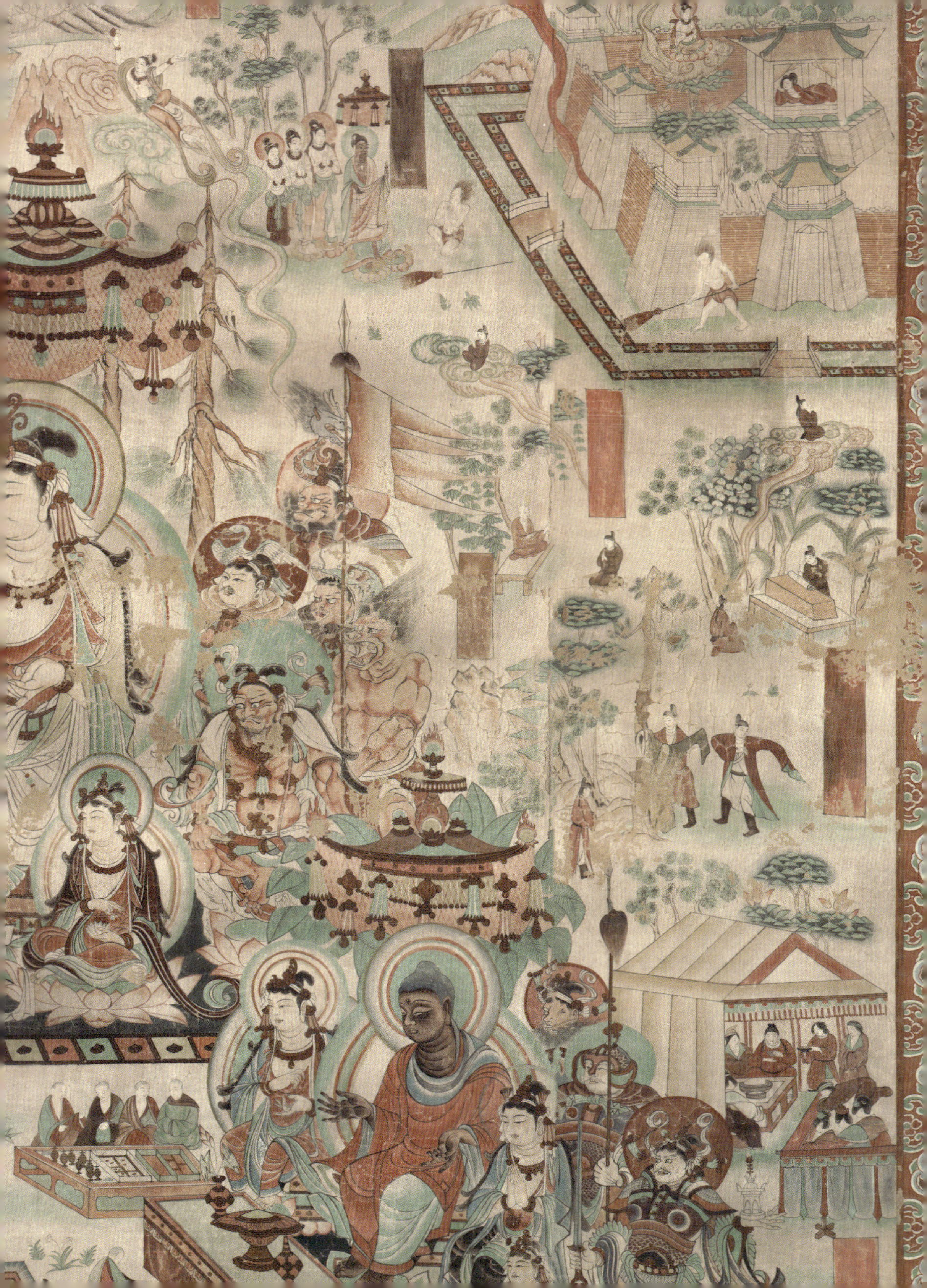

> 荷月 学日 大暑 初候·腐草为萤
>
> "弥勒真弥勒，化身千百亿，时时示时人，时人自不识。"
> ——《延祐四明志》

《弥勒经变》（上）——龙华三会

故事背景：弥勒菩萨见娑婆世界一片歌舞升平，知道自己下生的时机已到，自兜率天宫降生到翅头末城，长大出家，修行成佛，最后继承释迦牟尼佛的袈裟。弥勒成佛后进行了三次大规模的说法，是为"弥勒三会"（在龙华树下举办，又称"龙华三会"）。

故事缘由：古印度翅头末城国王儴佉王为了供养弥勒菩萨，将镇国七宝和宝幢献给弥勒菩萨，弥勒菩萨接受之后，施舍给众婆罗门。没想到众婆罗门得到宝幢之后，第一件事想的竟然是如何分割。于是他们一拥而上将其拆毁，有的抬木头，有的抱栏杆。因为每一个人的私欲，美好的宝幢顿时化为乌有。弥勒菩萨眼看七宝台须臾之间发生无常变化而毁灭，顿悟"无常"的道理，于是在龙华树下证道成佛。弥勒菩萨成佛后，儴佉王率领王公大臣、王后、太子等八万四千人发愿出家。

画面布局：画师绘出三组佛说法图来表示三会说法。初会居中，弥勒佛在龙华树下倚坐说法，两侧有法华林菩萨和大妙相菩萨，天龙八部和听法菩萨围绕四周；第二会和第三会分别置于画面左、右下角，三会呈品字形排列。

《弥勒经变》中哪些细节值得我们关注？

初唐以后的敦煌壁画中除了生动地表现宝幢被婆罗门拆毁外，大部分《弥勒经变》均有剃度出家场面，比如这幅壁画中画师对儴佉王及王公大臣等剃度出家的场景绘制得非常细腻生动。

释迦牟尼佛的接班人 P031　须弥山 P015

一种七收　　　龙王洒水，夜叉扫地　　　抄经诵经飞升

人寿绵长　　　见宝生厌　　　五百岁行嫁　　　树上生衣

榆林窟025窟　主室北壁　中唐（临摹）

荷月 平日
大暑 初候·腐草为萤

"下生弥勒见，回向一心归。"
——《腊月八日于剡县石城寺礼拜》 唐 孟浩然

《弥勒经变》（下）——理想国

在敦煌壁画中，画师们除了绘制佛陀、神仙，还把芸芸众生的现实理想画在了主体画面的空余处。

在榆林窟 025 窟《弥勒经变》的壁画中，你会发现在佛像周边伴有一些有趣的人间景象，严肃的说法场景便切换成了古人向往的美好生活。所以我们也可以把敦煌壁画当成古代民俗画来欣赏和学习。

- 龙王洒水——不用求雨了，想什么时候下雨就下雨；
- 夜叉扫地——不用人来打扫，有人帮你扫地清洁；
- 树上生衣——不为纺织发愁，树上会长出衣服来；
- 五百岁行嫁——别催婚，女子五百岁才结婚；
- 一种七收——种一次粮食，就可以收获七次；
- 人寿绵长——又称"老人入墓"，老人自己走到墓冢中和亲友告别；
- 见宝生厌——道德高尚，路边的宝物看都不看一眼；
- 抄经诵经飞升——只要虔心修行，就会有收获。

这个被画师描绘成的丰衣足食、天人和谐、洁净无秽、长寿安宁、道德高尚的理想之城，让今天的我们能从这幅图的"缝隙"里看到古人向往未来的光。

画师们画这些理想场景有什么用意呢？

这些想象的美好场景，被画师们错落穿插在弥勒三会说法场面中，承载着人们所向往的美好愿望。在物质层面上，许多愿望今天已经实现；在心理层面上，我们和古人是大同小异的。另外，这种内容详尽的画面细节，也成为我们研究敦煌壁画的重要史料。

婚与丧　榆林窟 025 窟　主室北壁　中唐（临摹）

荷月 保日 大暑 二候·土润溽暑

"尔来四万八千岁，不与秦塞通人烟。"
——《蜀道难》唐 李白

人间理想（一）：婚丧自由

如果真的能活到"万岁"，你的人生将会怎么规划？

由于战争和疾病，古人寿命往往只有三四十岁，所以长寿变成了包含皇帝在内的古人们最大的期望。针对这一需求，佛经以夸张的方式满足了人们的愿望。

据说人类所能达到的最高寿命为八万四千岁，听起来是不是有点匪夷所思？正是因为有了足够长的寿命，人生就可以安排得非常从容。比如图中这位老人，活到了八万四千岁，可谓人寿绵长，自己都等不及了，主动走到墓冢中和亲友们告别；另外，女性也可以活到一万岁，所以不用急着早点结婚，等到五百岁的时候再嫁人吧。

这些关于长寿的梦想看起来确实不可思议，但这却是古人朴素理想的真实体现。

这幅壁画体现的是历史上的什么时期？

有专家考证，从洞窟形制、壁画内容和布局来看，这幅壁画的画风明显地继承了盛唐特点，不过从壁画中的人物来看，出现了吐蕃人的形象和藏文题记。由此推论，此窟大致建造于吐蕃占领瓜州（今甘肃瓜州县）的中唐时期。

食与衣　榆林窟025窟　主室北壁　中唐（临摹）

荷月 至日

大暑 二候·土润溽暑

"阎浮地内，自然树上生衣，极细柔软，人取着之。"

——《弥勒下生经》

人间理想（二）：衣食无忧

"吃得饱，穿得暖"被今人当作理所当然，这却是古人面对的巨大挑战。《弥勒经变》的理想国画面中有这样两个和当时现实紧密结合的理想，给观者留下深刻印象。

- 关于"吃得饱"的理想："一种七收"

画师们将农民的愿望直接画在了壁画中，寄托了期待丰收的朴素情感。雨水根据需要自然从天而降，庄稼里不生杂草，只需耕作一次，就能连续收获七次。这样的美事摊到谁身上，谁都会开心的。

- 关于"穿得暖"的理想："树上生衣"

画师将人物的动作刻画得惟妙惟肖，一棵大树上长满了衣服，一人在树下取衣，另外一人正在张臂穿衣。不用种棉花、不用织布，想穿衣服就从树上取。在这个净土世界里，树上可以长出衣服，表达人们对丰衣足食的美好愿望。

画这些不可能实现的画面，目的何在？

古人需要花费大量时间满足自己的基本衣食生存需求。作为老百姓的代言人，画师们除了画出遥远的天国之外，还为大众画出和生活密切相关的人间理想，这样才能赢得大家的喜爱。因为理想总是要有的，万一实现了呢？

③ 二牛抬杠 P019

龙王洒水，夜叉扫地　榆林窟025窟　主室北壁　中唐（临摹）

荷月 神日 大暑 二候·土润溽暑

"有大夜叉神，名跋陀婆罗赊塞迦（秦言善教），昼夜拥护翅头末城及诸人民，洒扫清净。"
——《佛说弥勒成佛经》

人间理想（三）：龙王洒水，夜叉扫地

榆林窟 025 窟北壁的《弥勒经变》的右上角，描述了这么一个场景：翅头末城是弥勒托生父母所居之地。当弥勒来看自己父母的时候，看到了如此一幕：在这个理想国度里，龙王夜半降细雨使地上无尘，夜叉每晚扫地让城市洁净。

画面中这条正在降雨的龙，身材没有我们所熟悉的龙那么修长，看起来更像麒麟（其实这就是比较早期的敦煌龙的形象）。在城中央的阁楼上，有一位睡眼惺忪的女子（可能就是弥勒的托生母亲）。当弥勒前来会见母亲的时候，夜叉此时正在清扫街道。得知弥勒前来，夜叉连忙前去拜见。值得一提的就是这位夜叉，虽然样貌丑陋，但据说心地善良，性情和顺。因为害怕自己吓到城中的居民，所以每天在城里的人都睡下之后才清扫街道，去除污秽。

壁画中，画师用自己的想象力来描绘这位夜叉，他身体健壮，头发直冲向上，上身赤裸，衣着简陋，仅用麻布缠绕包裹住下身——似乎把别人吓到也是难免的。

"夜叉扫地"想说明什么？

不同神话中的夜叉形象不尽相同，但是总体而言，人们畏惧他们，故称他们是恶鬼。而"夜叉扫地"想说明的是，千万不可以貌取人，而且连恶鬼都帮助清洁街道，可见弥勒的影响力有多大了。

1 夜叉其实并不是妖怪 P177

药师经变　莫高窟220窟　主室北壁　初唐

荷月 圣日 大暑 二候·土润溽暑

"220窟的壁画，构图设色都不亚于意大利文艺复兴时期的教堂装饰绘画。"

——现当代画家 常书鸿

《药师经变》

莫高窟220窟主室北壁所绘《药师经变》以《佛说药师如来本愿经》为蓝本。药师佛，作为东方净琉璃世界的主宰，被誉为济度众生疾苦的大药王。药师七佛信仰虽在敦煌鲜见，但在扶桑国度却备受推崇。

此幅壮丽辉煌、全景式的东方药师净土经变画，独树一帜，不具备一般经变画的前后相承之特性，其构图、题材、艺术风格尤为独特，对净土世界的描绘细腻且生动。

画中，以东方药师净土七佛为中心，八大菩萨分列两侧。宝台两侧伫立着十二药叉神将及圣众，神将上方是赤身三面六臂的阿修罗，下方则是裸身愤怒相的金刚力士。七佛上方（头部）顶着多层五彩琉璃华盖，宝饰垂幔，熠熠生辉。七佛面前（足下）各置一盏琉璃宝灯，光彩夺目。

尤其值得一提的是药师佛前的宏大乐舞场景，中原风格的灯楼与西域风格的树形灯轮交相辉映，四位天女分立两侧，分别点亮灯具。在辉煌灯火的映照下，展现了一场宏大的舞乐盛宴。两侧乐队共计28人（左侧15人，右侧13人），分坐两块方毯之上，乐师肤色各异，演奏着中原汉民族的乐器、西域少数民族的打击乐、吹奏乐以及异域传入的弹拨乐等（共计18种）。

舞台中央，两组舞伎在灯光璀璨中翩翩起舞，一组挥臂扬巾，长发飘扬，似旋转不息；另一组则举臂提脚，翻腾跳跃（当时流行的"胡旋舞"与"胡腾舞"）。

这七位佛都是药师佛吗？

关于这个问题也有争议。有人说所谓药师七佛，是指东方有七个佛国，各有一佛，药师佛只是其中之一，而不是说七尊都是药师佛。除了《药师经变》中说到七佛，还有八个佛国、十佛等说法。

1 转到停不下来的胡旋舞 **P129**

劳度叉　莫高窟016窟　西壁　晚唐（临摹）

荷 與 月
日
大暑　二候·土润溽暑

"佛在舍卫国，祇树给孤独园。"
——《金刚经》

劳度叉斗圣变

深知佛典的朋友想必对"佛在舍卫国，祇树给孤独园"的典故耳熟能详，这幅画作正展现了佛教精舍建立的背景，太子被须达的诚心感动，慷慨赠送祇树并与须达共同建造精舍。闻听此讯，六师外道提出挑战，欲与佛家一试高下，若佛家胜出，则允许建造精舍；反之，佛家须遭驱逐。于是，国王令双方展开斗法。

外道的代表是劳度叉，佛家则由舍利弗应战。劳度叉化出宝山，舍利弗则以金刚击碎宝山；劳度叉变出水牛，舍利弗化出威猛狮王；劳度叉造出七宝水池，舍利弗指挥白象吸干池水；劳度叉变出巨龙，舍利弗则化出金翅鸟；劳度叉唤出鬼怪，舍利弗请出毗沙门天王令鬼怪俯首；劳度叉变出大树，舍利弗化为风神强力拔起大树。六个回合斗法，舍利弗均获胜利。因此，祇园精舍得以落成，六师外道亦皈依佛门。

莫高窟壁画中，《劳度叉斗圣变》现存 19 幅，其中晚唐至五代时期绘制最多，达 14 幅。这一时期绘制数量之众，与当时的政治背景——归义军的统治紧密相关。一方面，赞颂张议潮领导敦煌民众起义，击退吐蕃统治者，重返大唐的伟业；另一方面，宣扬归义军起兵的正义性，借鉴佛典中劳度叉斗圣变的故事，象征着"正义战胜邪恶"，将归义军比作代表正义的舍利弗，寓意深远。

劳度叉斗圣变的故事是不是有几分熟悉？

明朝吴承恩或许正是受到了这类故事的启发，创作了孙悟空大闹天宫时与二郎神斗法的经典情节。在《西游记》第四十六回中，孙悟空运用非凡法力，战胜车迟国的虎力、鹿力、羊力三大仙，篇目名为"外道弄强欺正法，心猿显圣灭诸邪"，显然也受到了劳度叉斗圣变的影响。

1 象征着正义的大蛇 P041

文殊变 榆林窟 003窟 西壁 西夏（临摹）

文殊菩萨出行

"天衣飞扬,满壁风动。"
——《唐诗纪事》

榆林窟003窟西壁的壁画《文殊变》,堪称敦煌壁画晚期艺术的巅峰之作,也是民国大师张大千最推崇的一幅壁画。"看这幅画的时候,会感觉墙壁上有风吹过"。

《文殊变》主要刻画的是文殊菩萨出行这一场景。壁画顶端重峦叠嶂、怪石嶙峋,群山掩映之间,可见琼台楼阁、仙山洞府,那便是文殊菩萨的道场——清凉山(就是我们熟悉的五台山)。山峦之间露出寺院屋檐的一角,颇具"深山藏古寺"的意境。

壁画中,文殊菩萨手持玉如意坐于青狮背上的莲花宝座上,青狮四足各踏于一朵莲花之上,鬃毛飞扬,威武神气。它的脖颈上戴着有铁链的项圈,铁链的另一头是身形魁梧的西域武士。青狮的身后是两身天王随行护卫,身前是肩扛锡杖的佛陀波利和拄着拐杖的文殊老人,文殊菩萨的周围聚集着诸多天神,有罗汉、天王、菩萨和童子等。这些人物形象分布错落有致,有的朝着文殊菩萨虔诚礼拜,有的和身边的同道亲切交流。

西夏画师对经典的《文殊变》做了哪些创新?

在继承唐代画风的基础上,西夏画师对画面中的人物及组合做了创新性的改造。首先,大家熟悉的文殊菩萨变成温文尔雅的相貌;其次,原先的昆仑奴变为扎虬髯、穿胡服的武士形象(于阗国王)。原先的场景变成了类似"八仙过海"的场景,更具丰富性。

3 于阗国王李圣天 P057

普贤变 榆林窟 003 窟 西壁 西夏（临摹）

荷月 恩日

大暑 三候·大雨时行

"风云将逼人，鬼神如脱壁。"
——《游长安诸寺联句》 唐 段成式

普贤菩萨驾云渡海

在敦煌壁画中，《文殊变》和《普贤变》经常成对出现。这幅《普贤变》位于榆林窟003窟的西壁南面，与北面的《文殊变》相呼应，画面风格和绘画技法皆一致。

壁画展现的是普贤菩萨在众神陪同下驾云渡海的场景。在艺术表现上以线描为主，设色简约，用少量青绿晕染，凸显线描的造型作用。这种重墨轻彩的艺术表现手法在敦煌石窟群中极为罕见，其简约清新的艺术风格在中国石窟艺术史上别具一格。

画面的上段描绘的是普贤菩萨道场——峨眉山，与五台山的雄奇苍劲有所不同的是，峨眉山则更显秀丽清雅。

画面中间是普贤菩萨出行图。普贤菩萨坐于六牙白象之上，白象脚踏莲花，昆仑奴紧握缰绳用力拉曳着白象。白象身后有一位身穿白衣头戴东坡巾的老人，这是文殊老人。白象的前方是菩萨和天人们，为首的两位天人分别手捧花瓶和供盘在前面引导，居中位置手持笏板的是大梵天。画面的右下角，站在莲台上回望普贤菩萨的是善财童子。

这幅画还有什么值得关注的看点吗？

在画面的左侧中间还有一组我们非常熟悉的人物，为首的是一位僧人，身后紧跟着一位猴行者和一匹白马，这就是唐僧和孙悟空的早期形象，你找到了吗？

知行合一的普贤菩萨 P043　3 西行求法和玄奘取经 P115

普贤变　莫高窟009窟　东壁　晚唐（临摹）

荷月 慈日 大暑 三候·大雨时行

"摩肩接踵"
——《战国策·齐策》

眼花缭乱的人物经变画

后期的经变画除了以佛国世界（参考宫廷建筑）为结构的常规范式外，还出现了以人物群像为特征的经变图。比如这幅位于晚唐莫高窟009窟东壁的壁画，在并不大的画面中汇集了菩萨、天王、侍从、乐舞伎乐，加上壁画因色彩氧化后形成的斑驳，格外让人眼花缭乱。

处于中心位置的就是普贤菩萨。与一般《普贤变》不同的是，这位菩萨以半悬空的方式出现在六牙白象背上，他左手置于胸前，右手放在右膝上，左脚踩在莲花上。画面正前方就是"赶象人"。不过这次昆仑奴倒是白色的，普贤本尊满脸黑色（普贤黝黑的肤色并不是天生的，而是画家所用的含铅颜料随时间流逝被氧化的结果）。

在斑驳的画面中，我们看见普贤的左侧簇拥着一众天神和天人。普贤的右侧是乐队飞天们，他们专心致志地做着自己手头上的工作；这支"乐队"的人数不算少，管弦丝竹俱全。侍者有的捧花，有的奉茶，有的献果，尽心周到。

整幅壁画虽然乍看让人眼花缭乱，但是整体色彩丰富，配色协调，可以看出画师成熟的创作技艺。

如何看懂这幅画？

眼花缭乱的经变图，实在让人无法看进去。可以试着先从"数一数画面中共有多少人"这样的简单问题出发。等你耐下心来辨识清楚菩萨、天王、天女、昆仑奴等角色，自然也就能理解画面所描述的内容了。

知行合一的普贤菩萨 P043

报恩经变 莫高窟 061 窟 主室南壁 五代（临摹）

荷月 顺日 大暑 三候·大雨时行

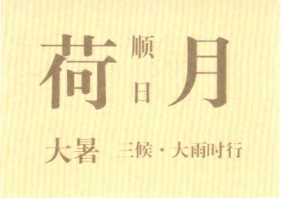

"谁言寸草心，报得三春晖。"
——《游子吟》唐 孟郊

《报恩经变》——历史上的谜团

  《报恩经》是一部颇有争议的佛经，因为其内容主要是讲古人孝养的故事，似乎和佛教鼓励出家有较大的冲突。

  关于《报恩经》的出处，有这样一个故事：王舍城有一位男子十分孝顺，但因家境贫寒，只能背着老母亲乞讨食物，这让前来化缘的佛弟子阿难感动不已。此时，一个路人则深不以为然，认为此男子为人子女不应该令母亲陷入乞讨之地，是为不孝。不仅如此，路人还污蔑佛陀不顾父母妻子出家亦为不孝。于是阿难回到住所，在佛前流下眼泪，磕头问："佛法之中，如何才叫作孝顺父母？"佛陀听完，讲述了自己过去若干世在人间报恩的事。阿难把它记录下来，据说就是《报恩经》的由来。

  莫高窟中，有关《报恩经变》的壁画很多，始自盛唐，止于宋。要从更深层次理解《报恩经变》在敦煌的流行，要回到当时的历史背景：除了报父母恩，还做了概念的拓展——"上报佛恩、中报君亲恩、下报众生恩"。尤其是安史之乱后，面对吐蕃的侵略，敦煌本地人不愿沦亡的民族情结、舍生取义报答君恩等情绪，都体现在了当时的《报恩经变》中。

如何理解《报恩经》诞生的历史背景？

  有专家考证，《报恩经》并不来自天竺，而是南朝宋梁之际（公元445年至516年），汉僧通过截取、增删、改写等方式编纂而成的，是一部伪经。佛教传入中国后，这种异域文化和中原儒家文化产生了价值观上的巨大冲突：如佛教鼓励出家，儒家则认为身体发肤受之父母，《报恩经》便是在这样的背景下产生的。

3月义军的传奇 P093

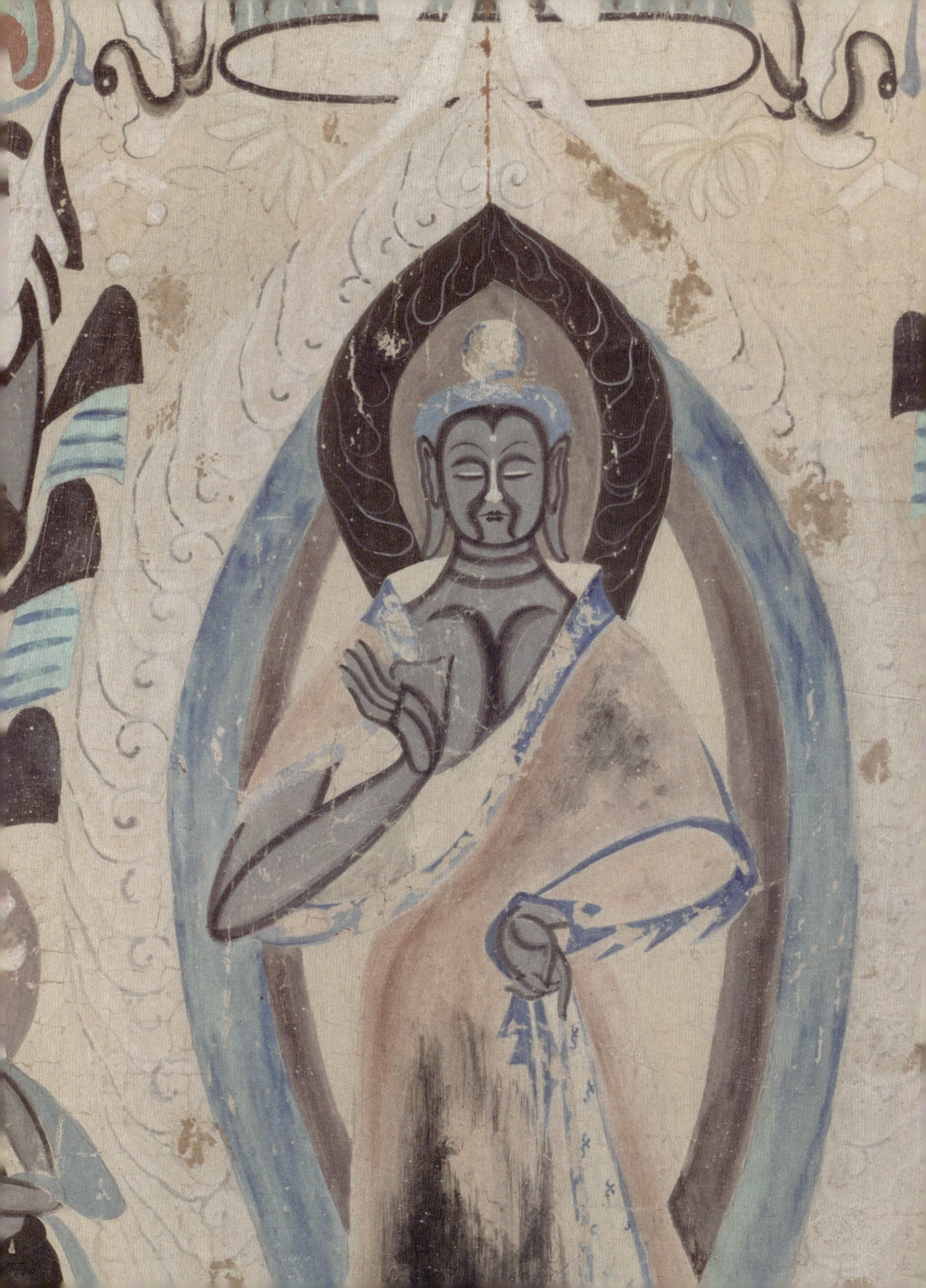

石窟艺术

上秋

乳鸦啼散玉屏空，
一枕新凉一扇风。
——（宋）刘翰《立秋》

石窟形制―空间美学―纹样图案―敦煌艺路

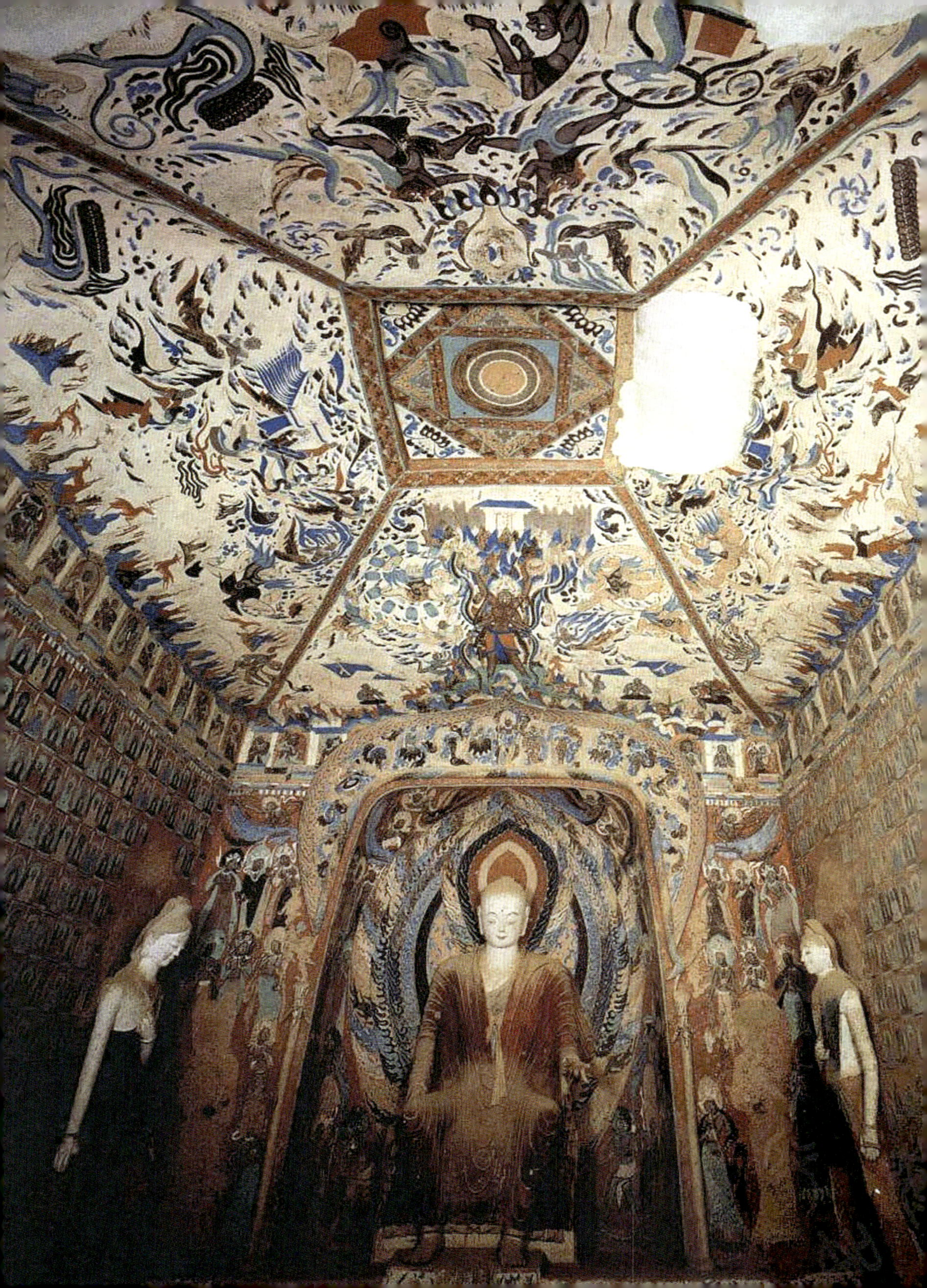

石窟艺术

来到莫高窟的时候，人们会被其精美的壁画艺术所震撼，但是容易忽略的是，莫高窟并不是为了艺术本身而存在的。

莫高窟的本质是"石窟寺"——以石窟为形式的寺庙。建立莫高窟的首要真正目的是"安抚心灵"，其次是为了"纪念供养人的功德"。莫高窟最初是为了僧人的坐禅而建立，空间狭小，也没有什么装饰，后期为了方便观想，慢慢才有了壁画和彩塑。

石窟寺中洞窟的形制是作为人和佛的交流空间而设计；塑匠用彩塑塑造出佛的形貌，画师用壁画描绘出佛的活动和主张。早期壁画的主要内容是佛传故事和本生故事，在壁画的角落绘出小小的供养人形象作为辅助；到了唐代，随着净土思想的流行，经变画成为洞窟壁画的主体，供养人的肖像也越画越大，洞窟慢慢拥有了功德窟的新属性。

作为古老壁画艺术，敦煌艺术的美妙之处不仅在于某一独立画作，更在于壁画与彩塑、建筑组合而成的密不可分的"沉浸式空间"，不仅是眼睛和身体的沉浸，更是"心的沉浸"。

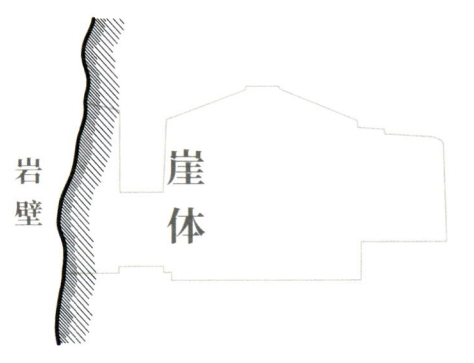

（1）在岩壁上规划好合适的位置

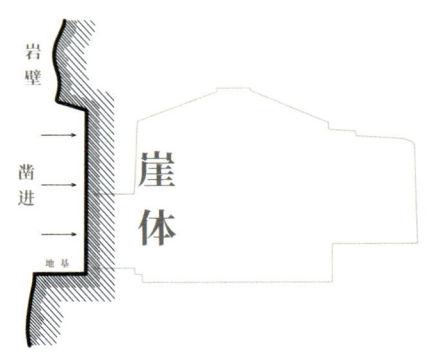

（2）在岩壁上开凿出地基平台

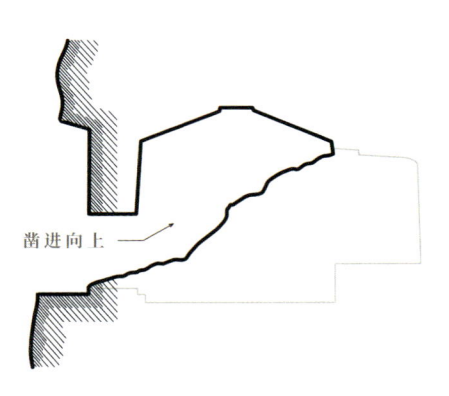

（3）向内开凿石窟，从上往下开凿，省时省力

（4）在开凿好的石窟墙壁上绘制壁画和制作塑像

上元日秋
立秋 初候·凉风至

"宏开虚洞，三载功毕。"
——《敕河西节度兵部尚书张公德政之碑》

石窟的开凿

敦煌石窟，依傍于河流冲刷所形成的崖壁之上。崖壁虽由砾石与沙粒构成，外观似松散的沉积岩，实则坚硬无比。它既为石窟提供了坚固的保护层，又在开凿过程中带来了巨大的挑战。

那些在砾岩石壁上辛勤挥臂的工匠，昔称"打窟人"。敦煌遗书《归义军衙府酒破历》残卷中，便有"十四日酒支打窟人半瓮"的记载，令人无限遐想：千年前，这些打窟人凭借半瓮热酒的暖意，于严寒的腊月之中，叮叮咚咚雕琢出震惊世人的石窟。

经过无数次的实践与探索，这些工匠充分发挥了劳动人民的智慧，总结出了一套在岩壁上开凿石窟的精湛方法：

• 在精心设计的石窟图纸指导下，先在岩壁上开出可供人站立作业的窟门与甬道；

• 继而向上挖掘，凿出石窟的顶部，此举使得多个工人可以同时施工，大幅提升工程效率；

• 最后，众人齐心协力，自上而下开凿出石窟的轮廓。这种方法避免了搭建脚手架的烦琐，也便于泥土的搬运，既节省时间又减少体力消耗。

古人开凿石窟需要多久呢？

开凿石窟是一项费时费力的工程。古人开凿石窟的主要工具是"錾子"。由于开凿初期窟内空间十分狭小，比较大的工具往往难以施展。于是就靠錾子这样的简单工具，古人一下一下凿出绵延千米的敦煌石窟。现在在莫高窟中一些石壁裸露出来的地方，还清晰保留着古人留下的凿痕。据记载，开凿一个石窟短则三五年，长则数十载。

莫高窟第一窟 **P191**

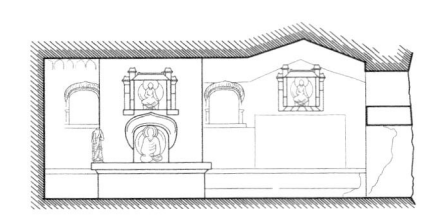

中心塔柱窟 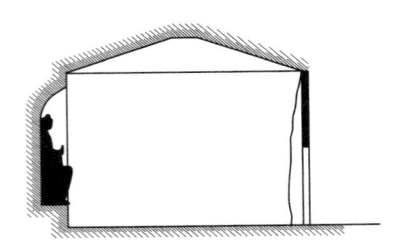　　　　　　　　　　　覆斗顶形窟

殿堂窟 　　　　　　　　　　　　大像窟

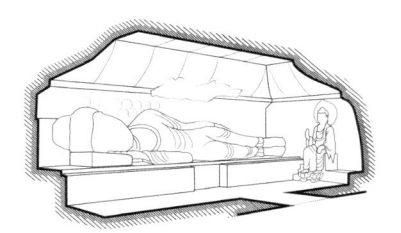

涅槃窟

洞窟主要类型

上 丙 秋
日
立秋　初候·凉风至

"每当我看到金光,想象'千佛静坐'的情景时,我的心总是陶醉,每次都沉浸在那无垠的遐想之中。"

——现当代画家　常书鸿

千年石窟寺

莫高窟的洞窟鳞次栉比,错落有致,上下分布三四层。外观相似,内里乾坤各异的洞窟,其实各有千秋。从修建的宗旨与窟内结构来看,大致可归为以下几大类型。

- 禅修窟:主要用于修行打坐,这是乐僔和尚最早开窟的出发点;
- 中心塔柱窟(又称塔庙窟):窟中柱子既能起到承重作用,又象征宝塔,早期较为盛行,如莫高窟257窟;
- 覆斗顶形窟:顶部形似倒置的斗,多呈正方形,为莫高窟主流形式,如莫高窟249窟;
- 殿堂窟:与覆斗顶形窟相似,但规模宏大,中央设有佛坛,如莫高窟061窟;
- 大像窟:正壁雕刻一尊宏伟的大佛,最高可达数十米,如莫高窟096窟(北大像);
- 涅槃窟:佛陀卧于佛床,形制通常为长方形,如莫高窟148窟;

洞窟的用途极为丰富,除了上述类别外,还有影窟(纪念性窟)、瘗窟(用于安葬僧侣遗骸)、龛形窟(以窟为龛)、仓储窟等。

莫高窟名字的由来?

从字面讲"莫高"就是没有事物比它再高的意思。但具体是比什么更高呢?专家们争论不休。

第一种说法是"山"。据说鸣沙山初名莫高山,石窟开凿在沙漠的高地上,自然起名为"漠高窟",后简化为"莫高窟"。

第二种说法是"窟"。除了地理位置高,莫高窟的宗教和艺术成就,其他石窟都无法企及,"莫高于此窟"。

第三种说法是"人",据说最早开凿石窟的乐僔道行高超,其余僧众"莫高于此僧"。

第四种说法是"事",开窟造像是佛教徒修行中最大的功德,其他事情"莫高于此事"。

莫高窟,不等于敦煌石窟 P189

禅修塑像（现已不存） 莫高窟103窟 1908年伯希和摄

上 戊 秋
　　日
立秋　初候·凉风至

"安西老守是禅僧，到处应然无尽灯。"
——《次韵颖叔观灯》宋　苏轼

禅修窟

　　禅修窟，也叫禅窟，是专供僧侣们坐禅修行的洞窟。这是莫高窟修建的出发点，也是乐僔和尚开窟的动机：他当时只是想找个安静的地方踏踏实实地坐下来修禅，结果没想到就此开启了伟大的莫高窟。

　　在大型的禅修窟内，一般设有供僧侣们坐禅的小禅室。如莫高窟285窟就是禅修窟中的代表洞窟，主尊塑像左右两边均有四个小禅室，可供诸多僧侣共同打坐（多个僧人同时进行禅修的时候，可以在精神和生活上互相支持）。单个禅室空间十分狭小，仅能容纳一位成年人。

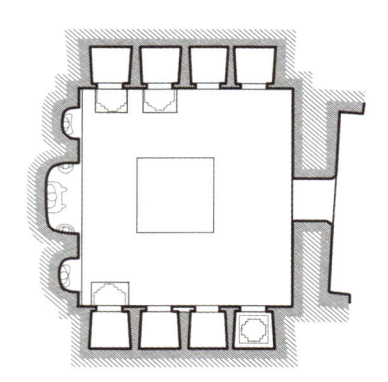

禅修对僧人有什么重要意义？

　　禅修一词源于印度，在印度语中表示"净化心灵"的意思。禅修是僧人修行的主要方法，而对于我们普通人而言，也可以通过禅修减少各种烦恼和困扰，让人变得安静与觉悟。

禅定的重要 P021

莫高窟 254 窟　主室　北魏

上 庚秋
立秋 初候·凉风至

"宝塔凌苍苍，登攀览四荒。"
——《秋日登扬州西灵塔》唐 李白

中心塔柱窟

"中心塔柱窟"由印度最早的"支提"式石窟发展而来，最初的形式是在一个马蹄形空间后部建一座小塔，故又称"塔庙窟"（或塔堂窟）。这种建筑形式传入我国后，由于开凿石窟的崖壁石质条件的变化，古人们因地制宜，将窟中的塔演化为可以起到支撑作用的塔柱。人们在塔柱上开辟佛龛，安置塑像。也就是说，现在我们看到的柱子其实是塔，所以称之为中心塔柱窟。

中心塔柱窟一路演变而来，形制虽然发生了改变，功能却被保留了下来。现在进入洞窟参观的人们，可以在洞窟前部分的空间集合，然后绕塔柱进行礼佛。

值得注意的是，窟的前半部分的顶部被开凿成了人字形的屋顶，被称作"人字披"，这可以说是敦煌石窟独有的形式。有意思的是，这种人字披顶不仅长得非常像我们常见的屋顶，画师还会给屋顶画上支撑的柱子。而学者们发现，人字形的结构可以有效分散窟顶向下的压力，提高洞窟的结构强度，这是古人智慧的体现。

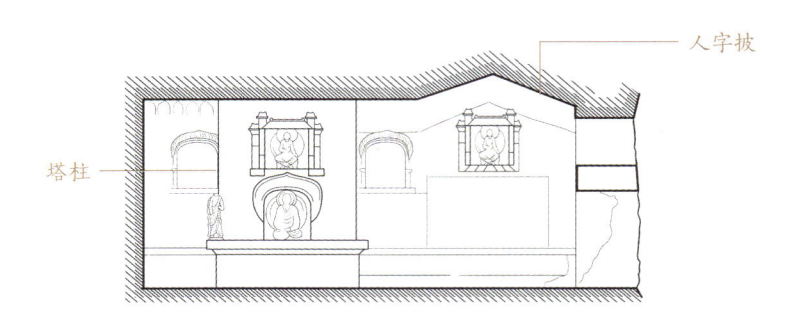

是"人字披"还是"人字坡"？

古建筑中一般把屋顶的斜面称为"坡"。为了与古代木结构建筑形式相区别，敦煌学界就把敦煌石窟窟顶形成的斜坡统称为"披"，这已经成为学术界约定俗成的称呼。

① "塔"的起源 P215

莫高窟 249 窟　主室　西魏

上 壬 秋
立秋 初候·凉风至

"太山不可丈尺也，江海不可斗斛也。"
——《淮南子·泰族训》

覆斗顶形窟

常言道，"海水不可斗量"。这句话中的"斗"指的是一种口大底小的方形量器（常用于粮食买卖，逐渐成为计量粮食的单位）。而"覆斗"正是将斗翻过来的意思。这类窟就像一个斗被倒扣在了窟顶上，因此得名覆斗顶形窟。窟形平面呈方形，这种形制受汉墓形式的影响，窟内多在后壁开凿一个佛龛，面积大约与中心塔柱窟相仿。此类窟形是敦煌石窟的主要形式之一。

覆斗顶形洞窟虽然早在十六国时期就有开凿，但在隋唐方得到真正大量开凿。这种窟形的特点就是窟内相对宽阔，可以排布大画幅的经变壁画，也因此受到唐代"巨幅爱好者"的喜爱。从结构上讲，覆斗顶的设计也很科学，可以更好地将窟顶的压力分散开来，提高石窟的结构稳定性。

莫高窟249窟的窟顶就是覆斗顶，窟顶南北披分别画了西王母和东王公的形象。

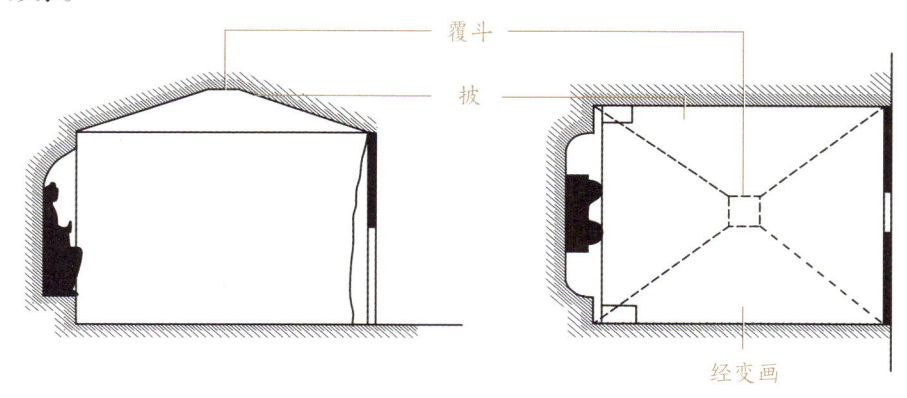

覆斗顶形式的来源？

敦煌石窟中的覆斗顶形式是模仿斗帐的产物，是中国式的佛教艺术创造。当时的中国人按照汉代以来的神仙思想来理解佛教，并没有拘泥于原来的中心塔柱式，而是从墓葬文化中吸收新的灵感，从而从空间结构上创造出佛教石窟的新形式。

❶ 东王公和西王母是夫妻吗？ P145

殿堂窟　莫高窟196窟　主室中央　晚唐　1908年伯希和摄

"步裔裔兮曜殿堂。"
——《神女赋》 先秦 宋玉

殿堂窟

殿堂窟，又名中心佛坛窟或佛殿窟，此类洞窟空间宽敞、形似宏伟的殿堂，因此得名。

根据其形制，殿堂窟可以分为两大类。

- 第一类：其平面布局通常为方形，正壁设有龛位，用于安置佛像。四壁和窟顶则是精美的壁画。窟顶多采用覆斗顶的设计，这种结构在敦煌石窟的建造历史中贯穿始终，是早期佛教艺术的典型特征。

- 第二类：是在唐代后期出现的创新形式，不再开龛，而是直接在窟中央设立一个方形的佛坛。佛坛前设有台阶，方便信徒上下，坛上则安置着菩萨彩塑群像，这些彩塑通常高大而精美，体现了唐代雕塑艺术的高超水平。信徒围绕佛坛右旋环通，进行礼佛和观像的宗教活动，这种形式与寺庙佛殿的格局非常相似。到了五代以后，带有中心佛坛的殿堂窟变得更加流行，洞窟的规模进一步扩大，有的甚至在佛坛和窟顶之间增设了背屏，背屏上常绘有佛教故事或象征性的图案。窟顶四角则常绘有四大天王的图像，他们手持不同的法器，守护着四方，象征着佛法的无边力量和对世界的庇护。

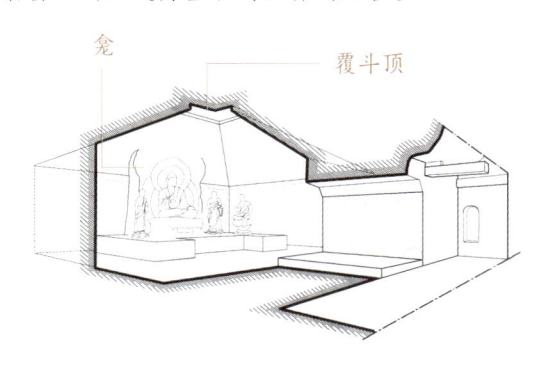

殿堂窟和覆斗顶形窟的区别在哪里？

许多时候两者形制大致相同，只是覆斗顶形窟主要强调其顶部结构特点，殿堂窟则强调其空间感，凸显其面积较大的特点。

覆斗顶形窟 **P149**

弥勒佛像　莫高窟 096 窟　初唐

立秋 二候·白露降

"延载二年，禅师灵隐共居士阴祖等造北大像，高一百卅尺。"
——《莫高窟记》

大像窟

在敦煌石窟中共有三座大像窟，都是以石为胎的泥塑，为唐代营建，也侧面证明了唐代的国力强盛。

敦煌石窟中最浩大的工程，非南北大像窟的开凿莫属。敦煌的北大像修建用时为 5～6 年，南大像从开凿到竣工则花费近 30 年，人力物力消耗不计其数。其中北大像窟（莫高窟的标志性建筑——九层楼）为敦煌塑像之最。窟内塑像高度达到 35.5 米，是中国第三大佛塑像（仅次于乐山大佛和荣县大佛）。

这些巨型佛像的出现，和皇帝关系紧密。据说北大像的真正窟主是中国历史上唯一的女皇帝——武则天。为了给身为女性的自己登基找到合理的解释，武则天从佛典中寻找支持。《大云经》中宣称"弥勒菩萨为化度众生变为女身，弥勒佛即为武则天的化身"。于是，武则天登基后就下诏让洛阳、长安两京和天下所有州郡都塑弥勒像，于是举国上下轰轰烈烈地营造弥勒大佛，北大像窟就是在这样的形势下开凿的。

现代测绘发现，北大像头部巨大，上半身过长，下半身又太短，这是古人修建时候的失误吗？

从比例上看，北大像确实是"头大身子小"。然而如果站在窟内，无论从哪个角度看，你都不会发现比例失调，因为从近处人们只能看到局部；而从下往上仰望大像，看似不正确的身体比例，刚好弥补了人们观赏巨大塑像中"近大远小"的视觉差，这是中国古人注重主观感受的艺术特征和高超塑像技巧的体现。

释迦牟尼佛的接班人 **P031**

洪辩高僧塑像　莫高窟 017 窟　北壁　晚唐

上秋
丁日

立秋　二候·白露降

> "邈生前兮影像，笔记固兮嘉祥。"
> ——《河西都僧统翟和尚邈真赞》

影窟

影窟的主要功用就是纪念和瞻仰。高僧入寂，后人为纪念追思图绘其生前形象、事迹的画作称为"影"，而供置其"影"的堂室称为"影堂"。

有专家认为敦煌影窟是为河西都僧统（地方佛教界最高官职）而专门修建的。当高僧升任都僧统后，就会修建自己的禅窟或功德窟。都僧统死后，其族人、弟子将其所在的禅窟变成影窟（或在其功德窟内直接开凿影窟），在其中塑像以示纪念。这可以算是河西都僧统的特殊待遇，也是炫耀家族势力的最佳方式。

开影窟及塑影像的行为主要出现在中唐时期，归义军时期尤为流行。莫高窟现存影窟（或具有影窟性质的洞窟）共计 8 个。其中 017 窟（又称藏经洞）就是为纪念唐代敦煌高僧洪辩的影堂（纪念堂）。在这座影窟中，洪辩法师塑像正襟危坐在圣树下，两侧侍女、比丘侍立，浑然天成。

影窟与供养人画像之间存在着怎样的联系？

早期的供养人形象较为渺小，千人一面，于窟内仅占据辅助地位，其唯一宗旨便是奉献供养护持；然而，到了归义军时期，供养人画像的规模逐步扩大，其原本的供养护持性质逐渐演变为一种留名青史、留下影像的愿望，进而使得供养像演变为"邈真像"，即具有肖像画性质的图像。在僧教界，情形亦然，不仅都僧统拥有专属的影窟，窟中塑绘制有其影像，其他高僧亦纷纷如法效仿，期望将自己的邈真像留存在洞窟之内，以流传后世。

③ 藏经洞重见天日 P137

胁侍菩萨塑像　莫高窟045窟　西壁　盛唐

上 己 秋
日
立秋　二候·白露降

"我们看到的佛像大多是低眉含目，从工艺美术的角度来说这本不是什么风格的形成，更不是宗教的某些神秘传统，只是那些造像的工匠每日从家来窟中工作时都带着一颗敬畏之心，于佛像脚下虔诚劳作，一抬头就看得到那慈爱柔顺的目光，一切心便又变得平和了起来。"

——敦煌文化讲述人　李艺

敦煌彩塑

　　敦煌壁画备受人们的推崇，但其实一开始的时候，彩塑才是洞窟的真正主体。当人们进入洞窟的时候，首先需要的是观瞻佛像。发展到后期，彩塑和壁画可以说是你中有我、我中有你，与石窟内部的整体环境浑然一体，从而创造出完美的空间艺术。

　　敦煌彩塑艺术主要集中于莫高窟，据统计多达 2000 多身。敦煌彩塑中，给人们留下最深印象的就是菩萨形象了，因为她最接近人的形象，既不像佛像那么庄严，也不像天王力士那么孔武。敦煌彩塑中的菩萨，被塑造成了一个美丽温柔的形象，仔细倾听信众们在人间的种种需求，是最易让人感觉到温暖的存在。

　　莫高窟 045 窟中的塑像群，因其神韵被人们所推崇。其中的胁侍菩萨，体态优雅，是塑匠的神来之笔。

敦煌彩塑的艺术特点是什么？

　　敦煌彩塑又被称为"立体的绘画"，重点在"塑"成品上进行彩绘，有"三分塑七分画"的说法。当敦煌画师将非凡功力以彩绘的方式精心描摹在泥胎上的时候，细节得以充分展现，使得整个场景显得极为生动。

世界公认的最美菩萨 P025

金刚力士像　莫高窟194窟　主室西壁　盛唐

上辛日秋
立秋 二候·白露降

"泥菩萨过江,自身难保。"
——《太阳照在桑干河上》丁玲

"雕"和"塑"

雕塑,这一词我们并不陌生。然而,若深入探究,"雕"与"塑"二者实质上有所区别,一为减法,如古罗马时期的大理石雕像,以石材为蓝本,进行削减。另一为加法,诸如敦煌艺术,便是在泥木之上进行叠加。

敦煌画师代代相传的"彩塑造像"技法,其过程之精细与复杂,堪比神话中女娲造人的传说。"以木为骨,以草为筋,以泥为肉,以彩为肤"。

古时的泥匠就地取材,在干涸的河床之上采集细腻的澄板土作为原料,因其泥质细腻,更易于造型。泥匠塑造出基本形态后,画师便在泥胎表面挥洒画笔,绘制出肌肤纹理与衣饰褶皱。

敦煌彩塑为什么采取与西方雕塑截然不同的技艺?

这与地理与自然条件有关。敦煌石窟虽名为石窟,但其崖体由细沙与砾石沉积黏结而成,质地疏松,不宜雕刻石像,故敦煌工匠将技艺方向转向彩塑。

尽管敦煌彩塑的保存期限不及大理石长久,但工匠们能在塑像表面绘制出细致入微的细节,凭借精湛的绘画技艺,甚至能将织锦的纹理描绘得栩栩如生。

地仗层 P247

禅定佛塑像　莫高窟 259 窟　北壁　北魏

上官日秋

立秋　三候·寒蝉鸣

"绘画的最大奇迹，就是使平的画面呈现出凹凸感。"
——意大利画家　列奥纳多·达·芬奇

敦煌的"蒙娜丽莎"

很多人来到敦煌，会被一尊北魏坐佛像打动。这尊坐佛像就是莫高窟259窟的禅定佛像，这尊塑像在莫高窟静坐了1500多年，被认为是莫高窟中笑得最美的一尊佛像。

许多人认为她堪比法国卢浮宫珍藏的《蒙娜丽莎》。不过她的微笑要比蒙娜丽莎的微笑更久远，而且更神秘、更迷人。

因为，她嘴角的微笑呈现的不是美丽或性感，而是受中国传统文化影响所形成的含蓄之美。如果说蒙娜丽莎的微笑充满了人性，那么禅定佛的微笑则充满了神性。当你看着这尊佛像的时候，内心也感到非常平和吧。

这尊禅定佛为何微笑？

北魏时期，坐禅是北方僧人主要的修行方式。一名真正的禅修者，当他坐禅达到一定境界时，会自然而然由心生出一种喜悦的感受，这种感受被称为"禅悦"。这尊禅定佛的嘴角微微上扬，发自内心的微笑呈现的是进入禅悦的状态。

禅定的重要 P021

160 / 161

少年阿难塑像　莫高窟 419 窟　西壁　隋代

上秋
癸日
立秋 三候·寒蝉鸣

"如是我闻。"
——佛典

佛界的"最强大脑"

在人们印象中，佛经总是非常繁复冗长。谁又承想，在没有纸张的时代，佛经的流传竟然主要靠人的记诵？

担任这项艰巨任务的僧人又称传法僧。下面就要介绍一位博学强识的优秀代表，他的名字叫"阿难"。

敦煌石窟中，佛祖的两边总有两位弟子，那位长得俊秀的年轻僧人就是阿难。不要看他年轻，他的特殊本事就是记忆力超强。据说阿难是释迦牟尼的堂弟，后跟随出家。作为佛的秘书，他能够谨记无误佛的一言一语，因此被称为"多闻第一"（记忆力最好的意思）。绝大多数佛经的开篇第一句都是"如是我闻"（意为：我曾经听佛这样说），这个"我"就是阿难。

莫高窟彩塑中最精美的阿难塑像是莫高窟419窟的少年阿难和莫高窟45窟中的青年阿难。莫高窟419窟的阿难，身高与真人相等，微露笑容，一副踌躇满志且漫不经心的神态，犹如现实生活中的少年。古代塑匠以纯熟的技巧，在造型和神态上将这位聪敏颖慧"多闻第一"的青年阿难，塑造得尽善尽美。

现在我们看到的佛经，是由梵语直接翻译成中文的吗？

其实，早期中国佛教所接受的佛教文本，原本主要是犍陀罗语。现在我们看到的梵文文本佛典，往往是几百年以来不断梵语化，进行逆构词、添加、插入的结果。从时间上推论，我们今天看到的梵语写本（最早写于11世纪至17世纪）并不是原典，而汉译佛典（大多写于2世纪到6世纪）极有可能最接近原典。

阿难与迦叶 P065

佛弟子菩萨天王塑像　莫高窟045窟　西壁　盛唐

上 政 秋
日
立秋　三候·寒蝉鸣

"一佛二弟子二菩萨二天王二力士"
——莫高窟彩塑群经典造型

排列组合

除了单体佛像之外，莫高窟彩塑组合多是以佛为中心的彩塑群像来表现。其中，一佛二菩萨或一佛二弟子，可以说是佛教造像艺术中的最简单也是最经典的组合，贯穿中国佛教艺术。

一龛内包括的佛、弟子、菩萨、天王、力士的数量因龛的大小而有不同。彩塑的数量总称为一铺，每一铺彩塑，都是以一尊主佛为中心，两侧分别列菩萨、弟子、天王、力士等。所以有一佛二弟子、一佛二菩萨、一佛二菩萨二弟子、一佛二弟子二天王、一佛二弟子二菩萨二天王、一佛二弟子二菩萨二天王二力士等。如果用数字来表示，就是"1+2""1+2+2""1+2+2+2""1+2+2+2+2"，感觉仿佛是一个不断叠加、无穷无尽的组合。

莫高窟045窟的群塑雕像，整铺造像动静结合，可以说是敦煌彩塑艺术中的精华。一铺共有七尊，组合方式为一佛二弟子二菩萨二天王。其中主佛结跏趺坐在金刚座上；二胁侍弟子迦叶和阿难，一个老成持重，一个年轻洒脱；两身菩萨，面带微笑，温婉慈祥；南北两侧的天王，瞠目张口，威武凶猛，与温柔的菩萨和虔诚的弟子形成强烈的对比。

彩塑组合中的循序有讲究吗？

塑匠在以佛为中心的组合设计中，考虑到了重要度及个体和佛的亲疏关系。说起来，佛和弟子的关系最为亲近，其次为菩萨，再次为天王（还有就是天王的下属——力士）。这种按照重要度的经典排位方式至今也被人们经常使用。

葡萄石榴纹藻井　莫高窟209窟　窟顶　初唐（临摹）

立秋 三候·寒蝉鸣

"藻井是天花向上凹进为穹隆状的东西，用在寺庙中神佛主像上方或者宫殿中帝王宝座的上方。"

——《中国古代建筑》 当代 罗哲文

藻井——敦煌艺术的必修课

为了解敦煌美学，藻井是一门必修课。藻井的美无须解释，无论是繁杂的花纹、独特的秩序、强烈的视觉、神秘的含义，都给人以惊心动魄的美感。

"藻井"一词，最早见于汉赋。最初是模仿古代穴居建筑的结构发展而成的，在讲究风水的同时，中原的古人还想要装饰一下天花板的中央，于是就诞生了这种精致的形式——藻井。古代藻井被规定只能用于尊贵的建筑，象征着封建社会等级尊卑（如唐代规定，非王公之居，不得施重拱藻井）。

在传承和创新方面，敦煌可以算是个好学生，在将中原的木制藻井进行简化的同时，发展出了自己的特色。配合覆斗窟形的独特结构，敦煌藻井上面收紧，下面扩散，中心方井绘制某个主题图案（如三兔、莲花等），其他图案在四周斜披展开。当你抬头仰望的时候，中央向外的视觉感受使石窟看起来高远深邃，仿佛在仰望苍穹。

除了美观之外，藻井还有什么象征含义吗？

从名字就可以看出来，藻井最初的功能是防火，而这一功能在不易着火的洞窟中则变得不再重要。有专家考证，藻井上圆下方，符合中国古代"天圆地方"的宇宙观，有象征"天"的抽象意味。当古人们在洞窟里的时候，会把藻井当成连接天的通道。

覆斗顶形窟 P149

三兔莲花飞天藻井　莫高窟407窟　窟顶　隋代（临摹）

上秋 帝曰

立秋　三候·寒蝉鸣

"古人谓之绮井，亦曰藻井，又谓之覆海。"
——《梦溪笔谈》宋　沈括

藻井的绘制

　　敦煌壁画中的藻井，可以说是敦煌装饰图案中的精华，其绘制过程非常烦琐。在石窟窟顶中央往往画有精美的藻井图案，主题有莲花、龙凤、飞天等，纹样复杂细腻，和谐地组成一个方形。出现在覆斗形洞窟顶部中央的藻井，向上隆起呈"井"状，其纹样绘制极为繁复，观之感觉像是走进了一个稍纵即逝的万花筒世界。

　　敦煌画师们把这种变幻用画笔凝固在了头顶上，更凝固在了时间长河里。藻井四披是由简到繁的帷幔，从线描组合上就可以看出画师们的匠心所在。

　　更难得的是，和四周的壁画比起来，虽然同是经历了千百年，藻井大多保存相对完好，色彩纹样较为完整。究其原因，一来由于藻井高踞石窟顶部，受风沙及恶劣自然环境的影响较少；二来离地面较高，免除了许多人为的破坏等。

藻井的绘制到底有多难？

　　我们现在看到的藻井作品往往是后人摹绘或电脑制作的平面画，而事实上，当年藻井的绘制极为艰难。你可以想象一下，藻井位于洞窟顶部中央，当年的敦煌画师们需要搭木架仰面作画，还得控制好颜料避免流洒。加之洞内光线较暗，得借铜镜反光或油灯作画，其难度并不亚于米开朗琪罗当年绘制教堂的穹顶画。

如何成为一名敦煌画师？P207

三兔莲花藻井　莫高窟205窟　窟顶　初唐（临摹）

上秋 哲日
处暑 初候·鹰乃祭鸟

"双兔傍地走,安能辨我是雄雌?"
——《木兰诗》 南北朝 佚名

三兔共耳——最有名的藻井

三兔莲花藻井,又被称为"三兔共耳",就是说三只兔子共享着它们的耳朵,是敦煌壁画中最为经典的藻井图案之一。在层层叠叠的莲花花瓣中,三只可爱的小兔子首尾相接,追逐嬉闹,富有活泼的动感。

三兔本应有六只耳朵,但在画师的巧妙安排下,两两相邻的兔子分别共用一只耳朵,每只兔子仍各有两只耳朵,该有的耳朵一只也没少。据说这三只兔子象征着过去、现在和未来的连接,表达了轮回和时间的永恒。从画面构图来看,三只兔耳合成一个三角形,形成旋转的动态感,循环往复。它们耳朵相连,身姿矫健,明明马上要碰触到前一只兔子,却又似乎永远追不到。

据统计,莫高窟中共有18个洞窟藻井画有"三兔共耳"图案。若有机会去莫高窟参观,抬头去找一找,或许就有惊喜的发现在等着你。

世界上还有哪些地方出现过"三兔共耳"图案?

今天在埃及、中亚和欧洲的教堂里都能看到类似的图腾图案。有西方学者考证:最早的"三兔共耳"图案被发现出现在敦煌隋代中期的洞窟中。后来"三兔共耳"图案被印在布料上,顺着丝绸之路进行了广泛传播。也有一种说法认为这种图案产生于波斯萨珊或古希腊文化,是由粟特人带入敦煌的。

❸ 神秘的"三兔共耳"图腾 P071

莲花飞天藻井　莫高窟296窟　窟顶　北周（临摹）

上 明 秋
处暑 初候·鹰乃祭鸟

"今殿作天井。井者，东井之像也。菱，水中之物。皆所以厌火也。"
——《风俗通》 东汉 应劭

莲花飞天藻井

敦煌石窟藻井图案中，最流行的就是莲花。相传古人为了压服火魔，在殿堂楼阁最高处作井，绘制藻井和水生植物（如莲花）来护佑木制建筑。不过到了敦煌，由于石窟中基本没有木制建筑，"避火"的寓意也就变得不重要了。莲花也脱离了原来"水生植物"的寓意，而是强调和佛教的关联。

佛国世界里，莲花是人通向未来的媒介。佛典中记载，人去世之后会变成莲花里的小孩，在莲花的净化下重生进入西方净土世界。因此，水和莲花的组合，就是净土世界的最佳描述。所以原先作为避火象征的莲花，歪打正着，再次作为佛教艺术象征物，在敦煌藻井中得到了大量的应用。

藻井图案在哪些当代建筑中有过经典应用？

人民大会堂宴会厅的天花板和门楣装饰的风格就来源于敦煌唐代藻井。常沙娜先生（常书鸿之女）以莫高窟031窟藻井的莲花为元素，结合了建筑结构、照明等功能，将古老元素用于当代建筑中，设计出了独具中国形式的装饰风格。

窟顶平棋　莫高窟 268 窟　北凉

上 正日 **秋**

处暑 初候·鹰乃祭鸟

"平棋图案和每一个单元是仿照藻井的形式而绘。"
——前敦煌研究院院长 赵声良

最美的天花板

在敦煌壁画装饰图案中，洞窟内顶部的装饰除了"藻井"之外，还有一种图案叫作"平棋"。

看起来两者有几分相似，都是四四方方，只是平棋看上去要简单一些。从图案的角度来看，平棋可以说就是藻井的简化复刻版。那么我们究竟该如何区分两者呢？

首先是两者在使用空间所处的位置不同，藻井主要装饰在中央（如宫殿宝座、寺庙佛坛上方最重要位置），而平棋则装饰在中心塔柱窟主室后部平顶的位置。

其次是数量不同，这也是最直观的表现，藻井一般是以单个形式出现的，而平棋则是以重复连续的形式出现。

平棋　　　　　　　　藻井

为什么叫平棋？

平棋首先是平面的，是中国古代宫殿类建筑的顶部装饰构造；其次，平棋是并列的棋格式连续图案，由若干个边饰组成的方井连接而成，均为两重套叠，四周无垂爱纹。在敦煌石窟中也会看到许多来自中原的平棋图案，因为画面结构相对简单，所以呈现的多是抽象图案。

藻井——敦煌艺术的必修课 P167

青鸟忍冬纹龛楣　莫高窟 285 窟　主室北壁　西魏（临摹）

上学日秋
处暑 初候·鹰乃祭鸟

"龛中破衲自持行，树下禅床坐一生。"
——《送僧二首》唐 马戴

敦煌历史中逐渐消失的艺术

　　古人会在莫高窟中的墙壁上凿出阁状空间用来供奉佛、菩萨，大的可容十数人，小的只有数尺。而龛楣，特指佛龛的外檐部分，以泥雕浮塑出来，高于墙壁平面，是龛口的主要装饰形式，也是绘塑两项技艺合一的产物。

　　北朝、隋及初唐时十分重视龛楣装饰，数量与样式众多，以至于<u>小小的龛楣竟然被发展成一个独立的图案种类</u>。画师们使出浑身解数，用各种纹样将弓形的空间填满，使之形成一个完整的图案；用精美的装饰图案象征佛光，显示佛法的伟大，渲染气氛。龛楣这一装饰图案流行在十六国（北凉）、北朝（北魏、西魏、北周）和隋代窟室中，不过初唐之后就逐渐消失了。

　　左面龛楣的上沿有代表佛光的火焰纹，中间尖突，形如菩提树叶。有趣的是，龛楣尾被细心的画师画成了忍冬花。

龛楣图案的设计中还隐藏着哪些中国灵感？

　　敦煌佛龛通常有两种样式：一是西域式，是圆拱形龛；一是汉式，是阙形龛。早期的龛楣多是西域式的，到了北魏开始和中原文化汇合。敦煌画工塑匠把西域式的绘有鳞甲纹的弯弧梁体装饰设计为龙身，与龙首组合在一起。这是敦煌画师以中原文化为依托的艺术再创造的又一例证。

排列组合 P165

莲花飞天藻井中心　莫高窟329窟　窟顶　初唐（临摹）

上秋 平日 处暑 初候·鹰乃祭鸟

"予独爱莲之出淤泥而不染，濯清涟而不妖，中通外直，不蔓不枝，香远益清，亭亭净植，可远观而不可亵玩焉。"
——《爱莲说》宋 周敦颐

莲花纹——有佛之处必见莲

莲花纹自古有之，春秋战国时就曾将其用作饰纹；自佛教传入我国后，莲花作为佛教标志被广泛应用，有佛之处必见莲，如佛典可称莲经，佛国可称莲界，佛座可称莲台。在佛教文化中，"花开见佛"的"花"指的便是莲花。

在佛教艺术中，莲花是主要装饰题材，在敦煌壁画中就存在大量莲花纹样。不过可以看出，中国本土的莲花纹多莲瓣阔大，而印度传来的莲花瓣则细密清瘦。两者相互影响后产生了唐代的莲花宝相纹，从而为未来宝相花的诞生提供了基础。

魏晋南北朝时期，莲花纹更是广为流行，成为中国传统民间吉祥花纹，我们在古代瓷器、服饰纹样中，随处都能见到莲花的影子。

莲花和荷花是同一种植物吗？

当代语境下，莲花和荷花是存在区别的两种植物。但在中国古代和佛教语境中，荷花和莲花往往指的是同一种花，如古人常将莲和荷混用。

1 壁画里的"花花世界" **P261**

从敦煌壁画中提炼出来的忍冬纹

上秋 保日 处暑 二候·天地始肃

"藤生，凌冬不凋，故名忍冬。"
——《本草纲目》

忍冬纹——灵魂永生的象征

忍冬纹，因为与植物忍冬（又称金银花）的形状相似而得名，在魏晋南北朝流行。忍冬纹一般为三叶片和多叶片，也有着多种多样的变化。敦煌壁画中的忍冬纹样，既是南北朝时期流行的"胡饰"，又是佛国天界和净土的象征。

忍冬为什么受到人们推崇？可能是因为它名字的含义"越冬而不凋零"。正因为越冬而不死，它被赋予了灵魂永生的象征意义。

忍冬纹的来源是什么？

学术界有两种截然不同的观点：一种认为忍冬纹取材于中国人十分喜爱的忍冬，代表了坚韧不拔的品格；另一种则认为虽然叫忍冬纹，其来源却和忍冬并无关系。忍冬纹的源头是棕榈纹，是古代西亚和中亚盛行的"生命树"崇拜，是一种类似葡萄、有枝叶和丰硕果实的卷叶纹样，随着中亚地区曾经十分兴旺的佛教和祆教流入中原，忍冬纹在南北朝的佛教装饰中使用广泛。

卷草纹　莫高窟 012 窟　主室北壁　晚唐

卷草纹——忍冬纹升级版

　　卷草纹，是六朝时期非常流行的一种植物纹样，因为其花草造型大多呈现曲卷圆润的美感，故称"卷草纹"。如同龙的形象一样，卷草纹并不代表自然中的某一种具体植物，而是中国画师结合多种花草植物特征而创造出来的具备意象性的全新装饰纹样。

　　卷草纹最早由忍冬纹演变而来，汉代以来有表现卷云的习惯，所以画师会在植物纹样中催生出云气。隋唐时期的画师对于图形和线条更加注重概括和简练，作"S"形曲线，将之排列成为连续图案，塑造出卷草纹的动态美。

上 至 **秋**
日
处暑 二候·天地始肃

"它以那旋绕盘曲的似是而非的花枝叶蔓，得祥云之神气，取佛物之情态，成了中国佛教装饰中最普遍而又最有特色的纹样。"
——《遮蔽的文明》当代 陈绶祥

卷草纹的变化，蕴含着中国人怎样的审美特征？

自春秋战国至秦汉以来，中国装饰艺术一直追求富于流动感、虚实相生的云气装饰。忍冬纹作为植物经典题材传入中原，为看似缥缈的云气找到了形象依附，两者相结合构成了闻名于世的"唐草"样式。这样既符合以植物花草来满足宗教艺术的意义要求，又合乎中国人审美的形式需要，可以说卷草纹是中国装饰艺术史上一次了不起的融合和创造。

忍冬纹——灵魂永生的象征 P181

火焰纹　莫高窟 285 窟　主室南壁　西魏（临摹）

上秋神日

处暑 二候·天地始肃

"佛顶分明火焰高。"
——《谢榲玉送炭》宋 李石

火焰纹——光明和温暖的象征

火,在人类早期文明中占据着至关重要的地位,被视为太阳的使者,象征着光明。火焰纹,便是对"燃烧"这一抽象概念的形象化图案的提炼与概括。

火纹,通常由曲线优美、形态各异且充满节奏感的线条构成,布局上疏密有致,既统一又极富变化,洋溢着一种夸张的飘逸感。火焰纹的出现,不仅强化了佛像的威严气势,更给人以熊熊燃烧、永不熄灭的心理感觉。

佛教东渐,途经深受拜火教(祆教)熏陶的贵霜帝国,工匠们巧妙地在佛像的肩部和足部设计了火焰图案。因此,当佛教传入中国,佛像的背屏上也随之出现了喷射而出的熊熊火焰。在敦煌壁画中,火焰纹常作为特定装饰图案的一部分,主要出现在佛龛的边缘以及背光、头光的装饰中。随着时间的流逝,火焰纹逐渐演变成为独立的装饰元素,也常见于窟顶的平棋和人字披的装饰设计上。

火焰纹出现在佛像的身后有什么象征意义?

火光象征着智慧,火光越炙热,智慧越精进。于是,将火焰纹绘刻在佛像背后,就象征着佛法的光明。火焰成了佛像的标配,也代表了热烈和希望。

敦煌历史中逐渐消失的艺术 P177

宝相花纹　榆林窟025窟　主室北壁　中唐（临摹）

宝相花——绽放于佛国空间的理想之花

宝相花的诞生地就在莫高窟，它并不像其他纹样来源于某种植物，而是完全由人们想象出来的纹样。

首先，宝相花之名来自佛典，取自"宝相庄严"之意。从结构来看，宝相花纹采用"中心对称式"构图，以纹样中心为视觉中心点，圆心向外层层扩展，显得繁缛复杂、华丽端庄。

其次，从造型来看，宝相花来自自然界多种花卉形态和意象的提取与整合。其中主体结构为莲花纹，结合了忍冬纹、石榴纹、云纹、牡丹纹、联珠纹的特征，从而形成造型丰富、结构对称的宝相花纹。

上 圣 秋
日

处暑 二候·天地始肃

"由盛开的花朵、花的瓣片、含苞欲放的花、花的蓓蕾和叶子等自然素材，按放射对称的规律重新组合而成的装饰花纹，我们称作宝相花。"

——《中国历代服饰艺术》 当代 高春明

宝相花纹是如何诞生的？

　　画师们在敦煌莲花纹的基础上，吸收了西域的明暗凹凸画法，又融入中国绘画中的晕染法，令花纹产生层次感和立体感，再结合其他多种纹样，由此创造出了繁杂多变的宝相花纹样。宝相花纹样，是敦煌画师们在魏晋南北朝强大的本土艺术与希腊文化等异域文化相互影响、相互渗透的过程中，进行发展和创新的创作结果。

天竺遗法 P231

疏勒河

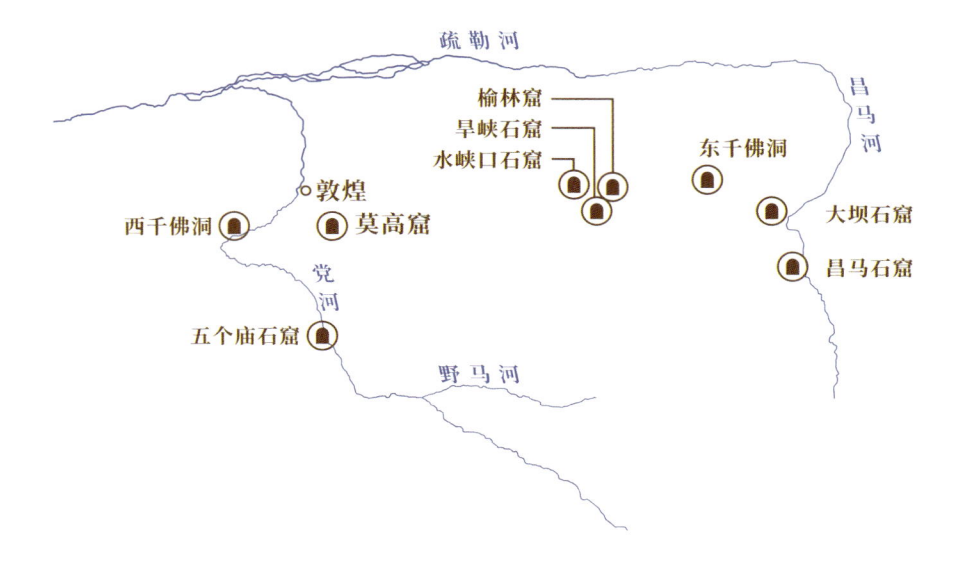

昌马河

榆林窟
旱峡石窟
水峡口石窟

东千佛洞

敦煌

西千佛洞　　莫高窟

大坝石窟

昌马石窟

党河

五个庙石窟

野马河

敦煌周边的石窟寺

上 舆 秋
日
处暑 二候·天地始肃

"白日圣香烟起，夜后明灯出显。"
——西夏 无名

莫高窟，不等于敦煌石窟

提到敦煌石窟，人们第一个想起的就是大名鼎鼎的莫高窟。其实在古敦煌郡范围内，除了规模最大的莫高窟之外，还包括西千佛洞、瓜州榆林窟、东千佛洞、肃北五个庙石窟等，这些石窟统称为敦煌石窟。敦煌艺术是包括了莫高窟、榆林窟、东西千佛洞等在内的诸多石窟艺术的总体集合。所以，除了名气最大（人流也最集中）的莫高窟，或许你可以在其他洞窟中找到久别的安静和不同的风格。

- 莫高窟——现有洞窟735个，壁画4.5万多平方米，彩塑2000余尊，可以说是中国石窟艺术发展演变的精髓。

- 榆林窟——因榆林河经过而得名（又称为万佛峡），精品多集中在敦煌艺术中后期的中唐、西夏和元，体现敦煌艺术晚期的艺术精华。

- 西千佛洞——地处莫高窟以西，所以称为西千佛洞。凿于汉代，传说早于莫高窟，规模毫不逊色，但因地质结构疏松，许多洞窟都已经坍塌。

- 东千佛洞——在榆林窟的东边，内容以藏传密宗为主，开凿于西夏时期。

- 其他包括：下洞子石窟、五个庙石窟、大坝石窟、昌马石窟等，规模较小。

石窟艺术只存在于敦煌一地吗？

就像莫高窟是敦煌石窟艺术的典型代表一样，敦煌石窟是石窟艺术的典型代表。随着佛教流入中原，以石窟寺为代表的佛教艺术如雨后春笋一般涌现，沿着丝绸之路星罗棋布。除了敦煌莫高窟外，还有阿旃陀石窟（今印度）、巴米扬大佛（今阿富汗，后被塔利班摧毁）、克孜尔石窟（今中国新疆）、炳灵寺石窟（今中国甘肃）、麦积山石窟（今中国甘肃）、龙门石窟（今中国河南）等。

3号一个选择——榆林窟 P189

远观莫高窟与三危山

上道日秋

处暑 三候·禾乃登

"莫高窟者，厥初秦建元二年，有沙门乐僔，戒行清虚，执心恬静，尝杖锡林野，行至此山，忽见金光，状有千佛，遂架空凿岩，造窟一龛。次有法良禅师，从东届此，又于僔师窟侧，更即营造。"

——《李克让修莫高窟佛龛碑》唐

莫高窟第一窟

莫高窟的起源，要上溯到前秦建元二年（公元 366 年），有一位叫乐僔的僧人云游到敦煌。他走到敦煌的时候，看到山崖间金光大放，光芒中有诸天神佛的身影显现（极有可能是海市蜃楼或者是黄沙对阳光的反射）。

乐僔目睹了此等奇异的景象，认定敦煌是一处宝地，于是他就在山崖的高处开凿了第一座石窟。他的所作所为激励了另一位叫法良的禅师，于是法良禅师在乐僔石窟旁边开凿了第二座石窟。

经过历代的修建，洞窟不断增多，到 7 世纪唐朝时，莫高窟已有一千多个佛洞了。因此，莫高窟又被称为"千佛洞"，现余留洞窟 735 个。

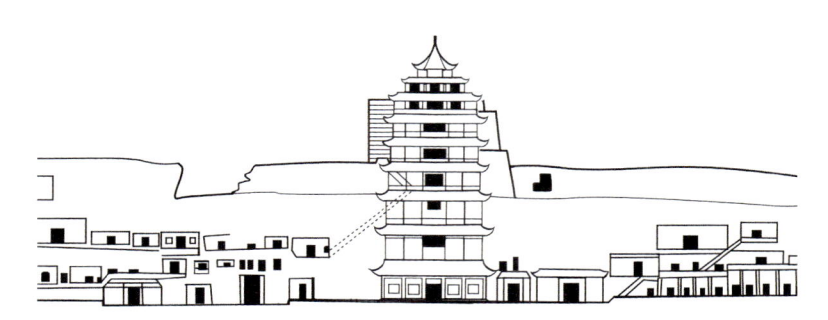

乐僔开窟这件事，难不难？

作为第一个做这件事的人，乐僔发心开窟所遇到的困难可谓是空前巨大的。比如莫高窟的所在地是砂砾岩结构的戈壁地形，开窟和修行条件都极为艰难，"架空凿岩"难度更大。但是正因为他的发心，为人类创造了世界上现存规模最大的佛教艺术地——莫高窟。世间万事只要有理想有行动，就有实现的可能。

石窟的开凿 P141

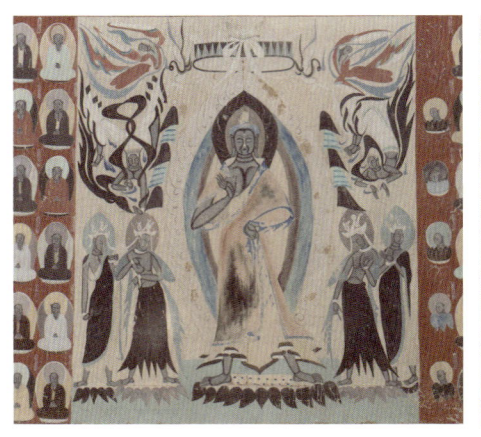

说法图　莫高窟249窟　北壁
西魏（临摹）

三兔莲花飞天藻井　莫高窟407窟　窟顶
隋代（临摹）

乘龙仙人　莫高窟249窟　北披
西魏（临摹）

童子飞天　莫高窟003窟　主室北壁
元代（临摹）

上秋 恩日 处暑 三候·禾乃登

"世界上历史悠久、地域广阔、自成体系、影响深远的文化体系只有四个：中国、印度、希腊、伊斯兰，再没有第五个；而这四个文化体系汇流的地方只有一个，就是中国的新疆和敦煌，再没有第二个。"
——季羡林

多元化的敦煌

梳理敦煌的海量壁画，不仅能感受历史时代的风潮，还能找到各个民族的艺术文化与创新，西域和中原的不同历史文化渊源以及来源不同的绘画风格（至少包括而不限于以下五种）。

一、犍陀罗艺术风格

来自希腊的造像术和佛教文化在犍陀罗相结合，而后随着佛教文化进入敦煌，在此地与中原文明再次融合。所以我们今天在敦煌仍然可以看见古罗马和希腊艺术造像的影子，如建成于北凉的莫高窟275窟中的交脚弥勒菩萨像，正是希腊艺术的典型应用。

二、古印度艺术风格

壁画中，我们会看见佛和弟子一般会服装右袒（就是只穿左袖子，右肩膀裸露）。这明显不是汉族的习惯，而是印度和西域的风格。莫高窟272窟，特别突出展现了印度风。

三、伊斯兰艺术风格

密集的图案组合，多源自波斯，由西亚传入敦煌。如莫高窟407窟三兔莲花飞天藻井据说来自波斯，自西亚传入敦煌。

四、中原风格

北朝期间，来自中原"秀骨清像"式造像风格开始出现在敦煌。

五、西域、少数民族风格

敦煌自古作为东西交通的枢纽，又是多民族聚居地，它的文化遗存呈现了丰富的多民族特色，也体现了汉、鲜卑、吐蕃、回鹘、党项、蒙古等民族的共同创造。

历史为什么会选择敦煌？

敦煌不仅是沙漠中的绿洲、交通要道，也是不同文化碰撞和沉淀之处。丝绸之路催生了千年的贸易，也带来了佛教等外来文化。更重要的是，石窟艺术需要特殊的地质和气候特征才能得以保存。正是各种偶然因素的叠加，古老的文明才被今天的我们看见，这正是敦煌的不可思议之处。

胡商遇盗图　莫高窟420窟　东披　隋代

上 慈秋
处暑 三候·禾乃登

"沙门不敬王者。"
——东晋 慧远大师

敦煌艺术的兴盛

面对敦煌这座艺术宝库，我们心中总会涌现出诸多疑惑：为何源自异域的佛教艺术能在中原大地绽放异彩？敦煌艺术为何能跨越千年流传不息？我们又因什么能与敦煌心灵相通？

这些疑问的答案之一便是：佛教在传播过程中积极融入中原文化，与中原文明相互交融。自汉武帝设立河西四郡，敦煌便成为"丝绸之路"的要塞。佛教文化的盛行，使得敦煌艺术融合了中原与西域的元素，焕发出勃勃生机。"丝绸之路"上的商旅民众，为了祈求平安，纷纷在敦煌开窟塑像、绘制壁画；皇室贵族、达官显贵与平民百姓共同推动了敦煌艺术走向辉煌。

在唐代，佛教与儒家、道家三足鼎立，尤其是弥勒信仰得到了包括武则天在内的皇室支持。直到宋代，儒家学说独占鳌头，明清时期的皇帝尊崇密宗，敦煌艺术才逐渐被边缘化。

外来的佛教和中国传统文化历史存在哪些矛盾？

首先是政治矛盾，原先佛教徒眼中只有佛陀，而中原佛教通过承认皇帝至高无上，甚至高于佛陀，或宣称"皇帝即佛"（如武则天自称弥勒转世）来解决这一矛盾；

其次是文化矛盾，如"出家"与儒家的"孝"相冲突，佛教通过《报恩经》重新定义孝，引入"目连救母"的故事，强调孝顺的最高境界是让父母超脱生死；

最后是信仰矛盾，原始佛教强调"累世苦修"，而信众倾向于"方便通达"，净土宗因此流行，只需念诵"阿弥陀佛"，便可往生西方极乐世界，信仰门槛越来越低。

佛教艺术在各个历史时期的发展历程，正是这些矛盾冲突与融合共生的写照。

《报恩经变》——历史上的谜团 P133

194 / 195

双身曼荼罗　莫高窟 465 窟　西壁　元代（临摹）

上秋 顺日
处暑 三候·禾乃登

"犬戎废东献，汉使驰西极。"
——《送郭大夫元振再使吐蕃》 唐 张说

秘密堂

　　作为代表多元文化的敦煌艺术，也保存着藏密绘画的遗留。莫高窟465窟是莫高窟仅存和最早的以藏密艺术为题材绘制壁画的洞窟，具备极强的神秘色彩，又被称为"秘密堂"。该窟内容丰富、形象神秘，各类菩萨动态优美，美艳之中令人怖畏，表现出一种狞厉之艺术效果，是13世纪我国藏族艺术的优秀作品，体现了文化融合。这个典型的藏传佛教密宗洞窟，窟内的壁画与窟室中心的神坛相呼应，把五方佛绘于窟顶，信徒仰视仿佛在与神祇对话，而窟的四壁绘以面目狰狞的金刚，又达到了震慑的效果，为敦煌艺术增加新的品类。

　　莫高窟465窟的代表作品画面构图、敷彩富有装饰性，人物形象和表现技法具有浓郁的藏密绘画风格，具备较高的艺术和研究价值。

　　从单一画面构图来看，画面多呈正方形布局，由多个小正方形围绕大正方形。画面中央为双身主尊形象；周边图片上部多为主尊化身及眷属；周边图片下部为印度密宗成道者（或翻译为大成就者、上师等）。

莫高窟中为什么会出现藏密艺术？

　　对于看惯了西域和中原的佛和菩萨的人们而言，莫高窟中的465窟可谓是相对另类的存在。但是考虑到建窟时间为西夏或元代（当时统治者信奉藏传佛教密宗），也就不难理解了。

阳关遗址

上 秋
忠日
处暑　三候·禾乃登

"极盛必有衰。"
——《八月十四夜对月》宋　于石

敦煌艺术为什么会走向衰落？

经历高峰之后往往会迎来衰落，这是事物发展的规律，敦煌艺术也是如此。

北魏"初创期"，敦煌艺术虽然并不完善，但壁画中充满了"创造精神"；到了隋唐的"繁荣期"，历代画师对幼稚、不完善的地方加以改善；进入"成熟期"的时候，创造精神就逐步被各种法则和禁忌所束缚，艺术就会逐渐衰落。

外界的政治经济环境也有一定的影响。安史之乱之后，唐代逐步失去了对西域的控制，"陆上丝绸之路"走向衰落。元代时，朝廷要求瓜州居民迁徙到酒泉。明代为了抵抗蒙古余部南下，修筑嘉峪关，敦煌在版图上被完全搁置在了城关之外。

正由于经济和军事地位的跌落，加上绿洲不断沙漠化，地处关外的敦煌失去了原来的经济文化贸易中心的地位。曾经延绵千年的敦煌艺术也就成了"无本之木，无源之水"，自然走向了衰落。

彩绘骑驼陶俑　北魏北齐
大都会艺术博物馆

"陆上丝绸之路"在宋代衰落，还有什么别的原因吗？

一方面，西夏、蒙古帝国、奥斯曼帝国的封锁，陆地运输的交易成本和安全风险骤然增加；另一方面，中国的经济中心也从北方转移到了南方，货物类型也发生了较大变化：原本陆路运输多为丝绸与宝石等，而宋代出口多为瓷器和香料，选择海上运输更为方便安全，因此"陆上丝绸之路"逐步被"海上丝绸之路"替代。

3 海上丝绸之路 P109

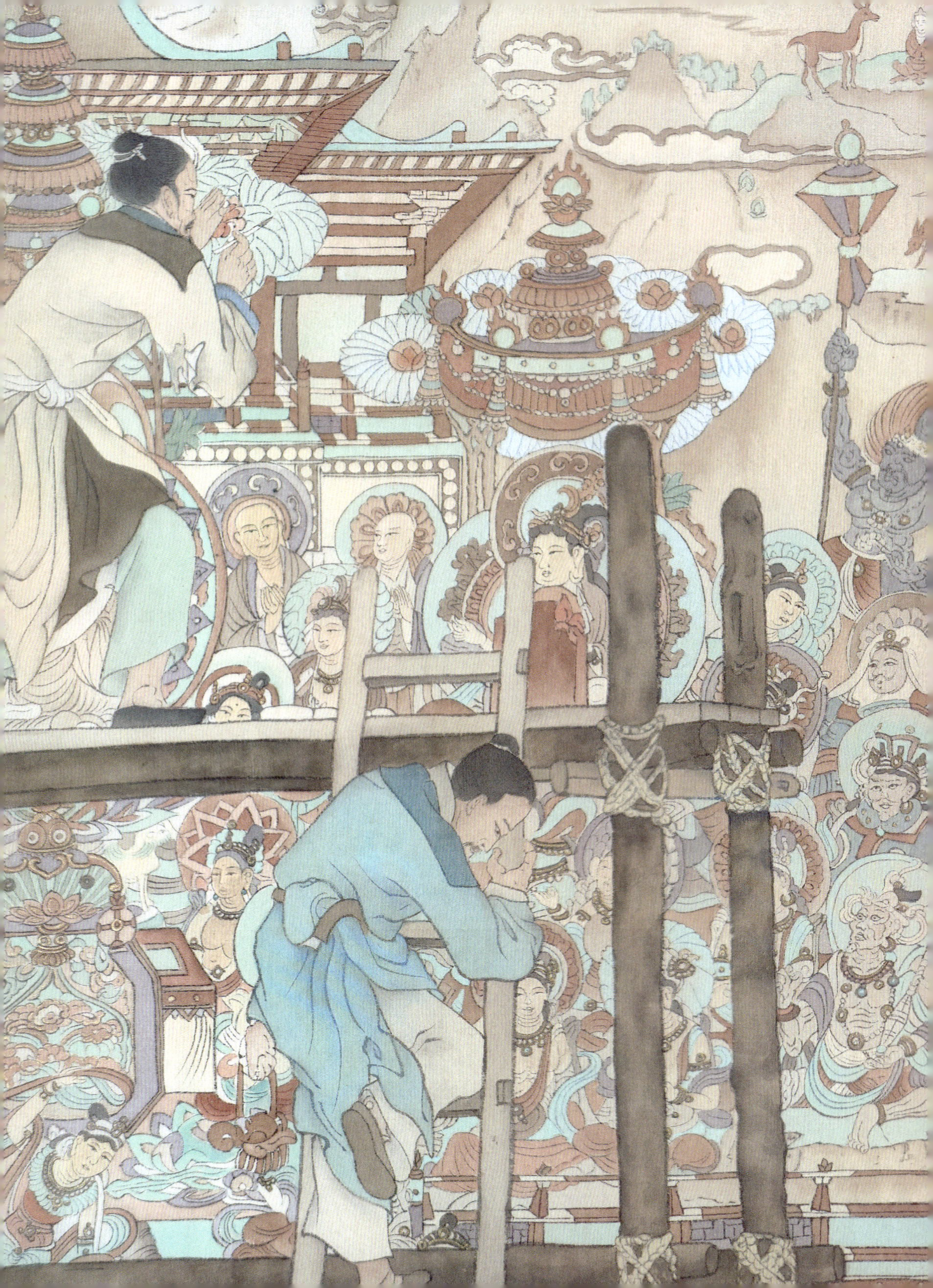

壁画创作

清秋

清溪流过碧山头,
空水澄鲜一色秋。
——〔宋〕朱熹《秋月》

画师工匠―绘画通识―壁画技法―矿物岩色

阿弥陀佛说法图　莫高窟 057 窟　主室南壁　初唐（临摹）

壁画创作

　　历史从来都是普通大众所创造的。敦煌乃是千百年来数万人合力共创。几乎可以这样讲，没有任何一位画家的作品能超越敦煌艺术作品。再厉害的名家圣手，如张大千在敦煌面前也自认是一位画工。

　　让我们一起来探究："敦煌画师们是如何创造出这么伟大的艺术作品的呢？"

　　受制于题材、时空、作画条件，还要满足供养人的客观需要，敦煌画师们属于"戴着镣铐跳舞"。通过学习来自古希腊、印度和西域的画法，敦煌画师借鉴现实世界，使用身边和丝绸之路上的宝石颜料，历代传承，创造出了伟大的敦煌艺术世界。

　　这种客观的制约和主观自由绘画的矛盾，恰恰构成了敦煌壁画不断演化的动力之一。出身看似卑微的无名工匠，正是以其虔诚的态度和精进的艺术修为，为后人留下了如此伟大的艺术瑰宝。

督料

画师

画匠

画工

画生

清秋 元日

白露 初候·鸿雁来

"工匠莫学巧，巧即他人使，身是自来奴，妻亦官人婢。"

——敦煌遗书

如何成为一名敦煌画师？

隋唐以来，画师们一般具有较高的社会地位。对比起来，画工则属于普通劳动者，社会地位较低。让我们来看一下古代敦煌画师的进阶体系吧。

- 督料——工匠中技术级别最高者，也是整个绘画工作的规划、指挥者；
- 画师/博士——不仅具备过硬的绘画水平，还可以带徒弟传授技艺；
- 画匠——可以从事高难度技术劳动，精益求精；
- 画工——能独立从事一般绘画工作，大部分人可以做到；
- 画生——作为学徒的"生"，大多年轻，能力不强，但学习意愿强烈。

五代时期，敦煌地区建立了沙州画院（非宫廷画院，但是也有官方势力支持）。在画院建制中，既包括绘画官（又称"绘画手（知画手）"/"画院使"）、画僧（又称"丹青上士"），也包括大量的画工。

看来，在古代想当一名敦煌画师，并不容易。

除了会画画的人，还有谁能参与到敦煌艺术的创造中？

开辟石窟、造像、绘制壁画这些宏伟工程，不仅需要画师，主要还需要以下技术工种。

- 打窟人，即石匠，他们主要负责在崖壁上镌岩凿窟；
- 泥匠，主要负责制作壁画地仗及窟前木构檐的营造；
- 灰匠，主要任务是制作白灰；
- 木匠，负责营造窟檐；
- 塑匠，负责制作窟内雕像。

石窟的开凿 **P141**

石窟艺术的创造者　潘絜兹 1954　宜宣临摹

清秋 丙日
白露 初候·鸿雁来

"敦煌壁画必是出自名手，而非工匠。"
——近现代画家 张大千

史上不留名

千年来，参与敦煌石窟艺术创作的画师数以万计。他们其中有与吴道子、张择端等齐名且在当时名号如雷贯耳的大画家，但更多的是许许多多在历史长河中寂寂无名的普通人。

他们的经历和来源非常复杂，包括而不限于以下几种：

• 西域来的民间画师。这也是敦煌壁画的早期风格与西域画风十分接近的原因；

• 高薪聘请的中原绘画高手。敦煌当地的名门望族、会聘请中原名家前来敦煌绘制壁画；

• 官吏流放敦煌时携带的私人画师。古代敦煌地处边境，往往被作为流放之地；

• 本地有组织的画师。五代时期，敦煌地区出现了官方组织的敦煌画院（史称沙州画院），开始大规模地绘制壁画。

然而，在历史上这么多的画师中，真正能够在壁画上落款的画师可谓凤毛麟角。据考证，真正留下自己名字的仅有以下十数人：史小玉、武保琳（知画手）、竺保（沙州工匠都勾当画院使）、白般涩（左厢都画匠作）、安存立、安铁子、李园心、张弘恩、张延锷、高崇德、张青儿、苏定子、张骨子、索像友、董保德、汜定全等。

敦煌壁画上为什么见不到作者的落款？

关于这一现象，有人认为与当时的工匠们社会地位不高有关。但是也有人认为和敦煌艺术多为宗教题材有关，神佛才是壁画的真正主角，即使是出钱的供养人也只能出现在角落里，何况是画师呢？

曹议金家族女供养人　莫高窟 098 窟　南壁　五代（临摹）

清秋 戊日 白露 初候·鸿雁来

"安以白马寺狭,乃更立寺,名曰檀溪,即清河张殷宅也。大富长者,并加赞助,建塔五层,起房四百。"
——《高僧传》南朝梁 释慧皎

敦煌石窟的"赞助商"

敦煌石窟艺术恢宏繁复,非一人所能为之。无论是石匠在陡峭的崖壁上开凿石窟,还是画师使用的大量珍贵矿石颜料,都需要耗费大量人力和财力。

要想办成这件事,就必须找到"供养人"。供养人,就是出资建造石窟的"金主"(又称为窟主)。"供养",其实和我们今天常说的"赞助"或"冠名"类似。

作为回报,画师会在窟中画下供养人和其家族的画像以记录其功德。所以今天,我们可以通过供养人画像来了解这些曾付出金钱和各种努力的人。

只有有钱人才能供养吗?

除了出钱,泛义的供养还包括以行为来供养(如修行、持戒、发心)、以恭敬来供养(比如香、花、幡)等,画师绘画也可以理解是一种供养方式。

据考证,莫高窟绘有供养人像的洞窟有281个,而供养人像足足超过9000身。他们当中,不只有太守郡丞、朝廷要员,或者有名望的高僧,或者名门豪族及眷属,还有寻常百姓、普通僧尼。和前者独资造窟不同,这些普通人多是集资或结社造窟,大家合伙出资出力,以类似"众筹"的方式完成了伟大的建窟创作。

水月观音　榆林窟 002 窟　西壁南侧　西夏（临摹）

清秋 庚日 白露 初候·鸿雁来

"纸寿千年，绢寿八百。"
——文博界俗语

一笔千年

敦煌壁画的魅力之一，在于其"穿越千年时光"。

而从物理属性的角度分析，敦煌壁画能够穿越如此久远时光的原因有两个。

- 第一个原因，敦煌壁画所用的颜料为"矿物质颜料"。

大部分敦煌文化爱好者都知道，敦煌画师所用的颜料取自就近开采以及丝绸之路的商贸往来运输的天然矿石。而矿物质的属性不同于人造颜料，能够千年不变色，所以我们现代人仍能够看到敦煌壁画颜色如此鲜活。

- 第二个原因，承载敦煌壁画的基质是"泥"。

用纸和绢作为载体的画作，客观上都有一定的使用寿命（所以宋之前的绘画作品几乎很难被保留）。敦煌壁画是画在泥上的精品杰作，"泥"取代了纸作为敦煌艺术的载体，使得敦煌壁画能够穿越漫漫时间长河，让今天的我们依然能够看到千年前画师们的亲笔创作。

现在看到的敦煌壁画，与当年工匠们画上去的样子相同吗？

敦煌开凿至今已有 1600 多年的历史，现在看到的壁画与画师当初画上去的时候肯定是有较大差别：首先，除了人为损毁，某些颜料（如铅白）会出现氧化现象；其次，泥的基质某种程度上也决定了敦煌壁画的脆弱，在温度、湿度甚至二氧化碳的影响下会出现不同程度的侵损与酥碱现象。

地仗层 P247

创世记　湿壁画　16世纪

舍身饲虎本生　莫高窟254窟　湿壁画　北魏（临摹）

清 壬日 秋

白露 初候·鸿雁来

"欧洲最好的画，不是油画，而是湿壁画。"
——当代画家 陈丹青

东西方壁画比较

同样是壁画，东西方在宗教艺术的表现上却选择了不同的创作路径。

西方采用的是"湿壁画"技艺，这一术语源自意大利语"fresco"，意味着"新鲜"。此技法是指在墙面未干之际，以矿物颜料粉调和清水直接绘制。如此绘制的色彩能轻易渗透进潮湿的墙面，使色彩持久不褪。由于湿壁画对绘制时机有严格限制，工匠们必须在第一层灰泥上迅速描绘出画作的整体轮廓，这促使了"素描"技法的诞生。这种技法自13世纪在意大利兴起，我们在欧洲教堂内所见的壁画，绝大多数都是运用湿壁画技法绘制的艺术珍品。

而干壁画，是指在干燥的石灰泥上绘制壁画的艺术，敦煌壁画便是这一技法的杰出代表。敦煌石窟的开凿位于凹凸不平、质地粗糙的悬崖砾岩上，工匠们首先使用混合了植物纤维的泥土和矿物质，由粗至细地分层打造壁画的基础层。然后在细泥层上绘制壁画，所使用的颜料主要是遮盖力强的矿物颜料。在这一过程中，开窟人、泥匠和画师需协同合作完成创作。

学界普遍将湿壁画法视为西方近代技艺，誉为欧洲的艺术瑰宝，并未在古代中国出现。但也有学术观点认为，莫高窟中亦有一些作品采用了湿壁画技艺，如莫高窟003窟的《千手千眼观音》。

湿壁画和干壁画各自的优劣是什么？

以西方教堂艺术的湿壁画和以敦煌壁画为代表的干壁画，都是人类艺术瑰宝。干壁画对时间等要求较低，更利于民间画家对画面整体的布局和团队创作；湿壁画对时间要求较高，更利于专业个人画家的深入绘制。

莫高窟出土的研磨杵、研钵、矿石颜料
摄于披沙拣金——敦煌研究院馆藏文物撷英展

清 甲日 秋
白露 二候·玄鸟归

"石青石绿为上品，石黄藤黄用最佳；金屑千年留宝色，章丹万载有光华；雄黄价贵于赭石，胭脂不同色朱砂；银朱膘脚皆可用，共说洋青胜靛花。"
——古代画诀

岩彩画的源头在敦煌

许多人以为"岩彩画"起源于日本，其实是一个误会。"岩彩"一词中的"岩"指的是矿石的粉末，而"彩"则代表色彩。这种绘画方法早在千年前的敦煌，画师们就已经能够娴熟使用。

作为具有深厚东方文化底蕴的画种，岩彩画特别强调材料的特性。岩彩画的颜料种类繁多，主要由五大类组成：纯天然矿物色、新岩矿物色、水干色、云母色和闪光色。纯天然矿物色是直接从各种矿石中提取的，保留了自然的色彩和质感；新岩矿物色则是经过加工的矿物颜料，色彩更加鲜艳和稳定；水干色是将矿物颜料与水混合后干燥制成的，具有独特的亚光效果；云母色则利用了云母片的光泽和透明感，为画面增添一种微妙的闪烁效果；闪光色则是在颜料中加入了金属粉末，使得画面在光线照射下能够产生耀眼的光泽。

由于岩彩画中使用的岩石晶体颗粒具有不同的粗细和形状，在绘制过程中，颜料的层次和质感可以产生异常丰富的色彩效果。

岩彩画究竟源自日本还是中国？

这个话题尚有一定争议。20世纪80年代，中国画家东渡日本学习岩彩画，但日本老师就说：你们应该回敦煌学习，因为岩彩画的源头在中国丝绸之路上。中国留学生惊讶之余发现，日本最高美术学府课堂上使用的临摹本就是敦煌壁画。而正因为使用了矿物颜料，敦煌壁画的大部分色彩得以千年不变，至今鲜艳如初，敦煌也因此成为世界上最大的岩彩图库。

中国古代的莫兰迪色 P249

青绿山水　莫高窟 217 窟　主室南壁　盛唐（临摹）

清秋 乙日
白露 二候·玄鸟归

"归来却怪丹青手，入眼平生几曾有。"
——《明妃曲二首》宋 王安石

黑白水墨与碧水丹青

一提到中国画，我们常想到黑白水墨，却很少知道碧水丹青。人们往往会忘记使用矿物质颜料作画的方式曾在中国古代美术史上处于主导地位。比如今天的我们会用"丹青"来指代中国画（"丹"即朱砂，"青"即石青、石绿，它们均是重彩画的常用颜料）。

"重彩画"这一用较丰富颜色作画的绘画方式，其实远早于水墨画（黑白画）出现。如敦煌早期重彩作品，色彩浓烈，体现了丰富的情绪。除了敦煌，我们在北京西郊的法海寺也可以看到明代宫廷画家创作的优秀重彩画。

法海寺壁画　宜宣临摹

中国画就是水墨画的刻板印象是如何形成的？

宋代之后，上层社会开始推崇文人画，"墨分五色"为文人画题材的展现提供了新的空间。在新的审美观引导下，水墨黑白世界逐步主导中国画坛，初步形成了"中国画就是水墨画"的第一印象；而当西方美术（素描、水粉、水彩、油画等）进入中国之后，传统中国画就是水墨画的印象更是得到了强化。

千里江山图　王希孟　北宋

文人画和画工画

纵观中国古代艺术史，参与专业画画的人大体可以分为三类。

第一，宫廷画师。他们的主要职责是为皇帝服务，绘画是歌功颂德的主要方式，主要绘画题材包括人物、工笔花鸟、山水等，如创作《千里江山图》的早卒天才王希孟。

第二，文人画家。他们一般有较高的文学造诣，诗、书、画、印统一，绘画的目的是追求表达，抒发胸臆。绘画题材主要是水墨山水、写意花鸟等。代表众多，如人们熟悉的赵孟頫、苏轼等。

第三，民间画工，他们以绘画为谋生职业，人数众多，社会地位不高，生活甚至较为困顿，敦煌画工就是典型的代表。据史料记载，洞窟中的画匠，雇主早上供给面片，中午供给胡饼，并没有晚饭。

清秋
白露 二候·玄鸟归

丁日

"从群众中来，到群众中去。"
——毛泽东

　　敦煌艺术就是大众画师所创造的，说起来，他们是"从群众中来，到群众中去"的艺术原则的最早实践者。

文人画和画工画，哪一个更优秀？

　　"各美其美，美美与共"。以写意为主的宋代文人画和以写实为主的汉唐敦煌画，都是优秀中国绘画的代表，两者区别主要在于以下三点。

- 出发点。敦煌画师要满足大众对宗教氛围的需求；而文人画更多是为了表达自我胸襟。

- 集体创作。敦煌艺术题材多为集体创作，因不断汲取多种艺术风格而生命力更强；而文人画虽也有传承，但多取决于个人水平。

- 写实性。经变画中的极乐世界往往是人间世界的真实写实；而文人画多擅长于景物刻画和写意表达。

如何成为一名敦煌画师？P207

观无量寿经变　莫高窟045窟　北壁　盛唐（临摹）

清秋
白露 二候·玄鸟归

"气韵生动、骨法用笔、应物象形、随类赋彩、经营位置、传移模写。"

——南朝齐　谢赫

谢赫六法

　　谢赫六法，作为南北朝时期著名的绘画理论，在古代中国美术作品的品评标准及核心美学理念中占据着举足轻重的地位，我们同样可以借此来鉴赏敦煌壁画之韵味。

- 气韵生动：乃是评价中国画作的至高准则。谢赫提出，画作单纯追求"形似"尚显不足，更要追求"神似"。唯有形神兼具，方能展现出画作之气韵生动。这一理念深深影响了中国画坛，使中国画沿着一条与西方写实绘画截然不同的道路发展。观敦煌壁画中菩萨的气韵，他们仿佛被画师赋予了生命，观者无不为之动容。

- 骨法用笔：此乃描绘事物内在精神与外在形态的生动线条运用，敦煌画师对线条的掌握自如流畅，其经典之作如"吴带当风"与"十八描"等，均为线条艺术的典范。

- 应物象形：是指描绘的作品要与所反映的对象形似，敦煌壁画也是运用这一理论的产物。

- 随类赋彩：这是画师用色的原则。在尊重事物客观分类的同时，敦煌画师也会对色彩进行富有主观情感的加工。

- 经营位置：不仅指单一画面的布局，亦包含敦煌石窟中建筑、壁画、彩塑等不同艺术风格之间的和谐共鸣。

- 传移模写：此为古时画师的学习途径，涵盖了技艺的传承与作品的临摹学习。敦煌壁画的临摹，便是这一理论的具体实践。

敦煌画师是按照"谢赫六法"来绘画的吗？

　　敦煌画匠人数众多，且古人受教育程度不高，当然不可能人人知道"谢赫六法"。而我们之所以能在敦煌的经典壁画中不断发现"谢赫六法"的影子，是因为"谢赫六法"不仅符合着中国人审美的基本规律，更是对古人创作经验的总结和归纳。

鹿王本生图　莫高窟 257 窟　西壁　北魏（临摹）

敦煌壁画中的经典构图

　　谢赫六法中的"经营位置"，可以简单理解为"构图"。构图可以算得上是绘画的提纲统领，就是说创作者要对画面的位置进行经营和安排。构图在壁画中占据极为重要的位置，会影响人们对画面的第一观感。在敦煌画师们集体创作某一整幅壁画时，其构图一般由最资深的画师来完成。

　　敦煌壁画的构图发展，经历了由单幅画到"异时同图"，再由"连环画"到"经变画"的发展过程。

　　让我们从构图的视角来重新看一遍我们最熟悉的敦煌壁画——《鹿王本生图》。

　　这个故事原来是在南亚印度流传，而后经西域流入敦煌。而你会看到，印度、西域和敦煌的画师们对同一个故事的"构图"表达方式完全不同。印度画师对于这个故事的最初构图是"圆形"的，到了中亚则变成了"菱格形"的，而到了敦煌地区，具备创造力的敦煌画师们为这个故事设计了一种当时在中原非常流行的构图方式——"横卷式构图"。这种构图方式可以无限延伸，不仅能交代完整的故事情节，还可以凸显某些部分的故事细节。

清秋 辛日

白露 二候·玄鸟归

"至于经营位置，则画之总要。"
——《历代名画记》 唐 张彦远

　　莫高窟 257 窟中这幅画的左边是这个故事的开端，九色鹿救落水人；右边则是王后向国王撒娇要九色鹿的皮毛，落水人告密；而在画面的中间是整个故事的高潮部分，是表现国王和鹿王的相遇、落水人浑身生疮的画面。把高潮放在画面靠近中间的位置，也是画师的精心安排。

为什么《鹿王本生图》中"人比山大"？

　　伴随着故事情节的层层展开，画师对画面中人和事物之间的真实比例并不那么看重，因此敦煌壁画中人和建筑的比例并不是完全客观，更多是用构图来推动和表现情节。这些小的山峦在构图上起到了对故事情节的场景分割作用，更有助于带动观众的观赏思路，强化情绪体验。

❶ 九色鹿故事的渊源 P006

起塔供养　　抱尸痛哭　　入山见虎　　投身跳崖　　利竹刺颈

收殓残骸　　以身饲虎

舍身饲虎本生　莫高窟254窟　主室北壁　北魏（临摹）

清秋 官日

白露 三候·群鸟养羞

"乱花渐欲迷人眼。"
——《钱塘湖春行》唐 白居易

异时同图

第一眼看到这幅画，会不会觉得画面好乱？等再看第二眼，就会发现其构图之巧妙。这种在同一画面内表现不同时间连续性内容的艺术构图形式，被称为"异时同图"。

异时同图是早期敦煌壁画中非常具有代表性的构图方式，这种绘画形式最初应用于宗教壁画，其目的是让不识字或有阅读困难的人通过看图来理解含义。最具代表性的应该就是这幅《舍身饲虎本生》了。

敦煌画师在同一幅画中创造了发生在不同时间和空间的十个情节"入山见虎、投身跳崖、以身饲虎、利竹刺颈、再次跳崖、再次饲虎、虎啖萨埵、收殓残骸、抱尸痛哭、起塔供养"。其中，"利竹刺颈""投身跳崖""以身饲虎"这三个场面最为精彩。"以身饲虎"位于画面主要位置，是故事的高潮所在；在"利竹刺颈""投身跳崖"场面中，跳崖时的萨埵与正在刺颈的萨埵之间产生了奇妙的对视，仿佛不同时空的萨埵在进行对话，而他并不后悔自己的选择。

"异时同图"的构图方式为后世带来了什么影响？

在同一绘画空间内，画家根据故事情节将主人公反复穿插于不同时间和地点中，进而实现了完整的叙事——"异时同图"这种绘画方式，堪称连环画和漫画的前身。区别在于敦煌画师们需要在一个完整的绘画空间内将不同时空中的情节有机组合、统一呈现，并不追求循序渐进的阅读方式。

舍身饲虎 **P077**

透视示意图

清秋 癸日
白露 三候·群鸟养羞

"近大远小。"
——古希腊

鱼骨透视法

　　透视法，是古希腊缩短法"近大远小"规则的升级改造。透视的意思是看透。透视法中的要义，是将真实世界中的所有平行线进行延长，最终都会消失于同一点——"消失点"。"消失点"概念的引入，让画家的绘画方法开始截然不同。透视法可以说是文艺复兴绘画的基石，自14世纪逐步建立，是画家对事物描绘的基础方法，它明确了大小缩放的比例，并将之精确成数学规律。

　　而古代敦煌画师在描绘空间的时候，有着自己的独特理解和方法。比如这张图中采用了兼顾结构与细节的透视法，被称为"鱼骨透视法"。画面中以中轴线为中心对称构图，建筑景物形成斜线，像鱼骨一样对称。

　　鱼骨透视法，从透视法的角度来说并不十分科学，却饱含了画师的主观创造力。古代画师通过鱼骨透视法，用建筑、山水和众多人物组合等方式来展现非常宏大的空间，能够在体现中心的同时容纳丰富的内容，壁画中的人物、建筑，或大或小，可远可近。

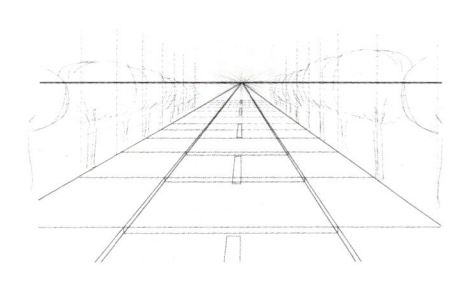

中国的鱼骨透视法和西方的科学透视法，谁更先进？

　　艺术不仅是客观呈现，更是主观的表现。西方透视法的好处是能够客观真实地反映物体的关系；敦煌画师使用的鱼骨透视法，能够更好地表现远近和空间关系。从时间上来看，中国画师用"鱼骨透视法"来表现远近关系的大致时间在8世纪，比起欧洲13世纪开始研究远近关系，文艺复兴时期才形成科学透视法，足足领先了五六百年之久。

说法佛　莫高窟 428 窟　南壁　北周（临摹）

清秋 政日 白露 三候·群鸟养羞

"远望眼晕如凹凸，就视即平。"
——《建康实录》唐 许嵩

天竺遗法

天竺遗法，这种绘画技法源自西域，是一种古老的凹凸画法。凹凸法的精髓在于其独特的光影处理技巧，其要诀可以概括为："低处深而暗，高处浅而明"。这种技法通过精细的线描来勾勒出对象的轮廓，从而表现出物象的体积感。在完成线描之后，艺术家们会在线描的基础上进行色调的晕染，通过色彩的深浅变化，创造出一种平面对象的光影立体效果。

凹凸法的运用，使得画面中的物体具有了真实的质感和立体感，仿佛能够从画布上跃然而出。这种技法在不同的历史时期有不同的表现形式，主要分为"叠染"和"晕染"两种方法。北朝时期，艺术家们多采用叠染法，通过层层叠加色彩来达到凹凸有致的效果。而到了唐代以后，晕染法逐渐成为主流，这种方法通过色彩的渐变和过渡，创造出更为柔和、自然的立体感。

早期的敦煌壁画，无论其创作者来自西域还是中原，都普遍采用了这种来自西域的技法。然而，随着时间的推移，敦煌的画师们开始对这种技法产生了新的认识。他们认为，虽然凹凸法能够创造出惊人的立体效果，但其过程却显得有些"累赘又烦琐"。它似乎与他们追求的"线即是形，形即是线"的造物原则有所冲突。因此，敦煌的画师们在继承了凹凸法的基础上，又进行了大胆的创新和改革。他们简化了某些步骤，强化了线条的表现力，使得画面更加简洁而富有表现力。这种创新不仅使得敦煌壁画的绘制效率得到了提高，而且也使得作品的艺术风格更加鲜明。

敦煌早期壁画中为什么那么多的"小字脸"？

其主要原因就是这种凹凸画法。那些当初绚丽写实又立体的肤色（铅白或锌白与铅丹调和），经过千百年的磨损氧化变成灰色、黑色或深褐色，使白色的眼、鼻更为突出，像一个"小"字形，所以被称为"小字脸"。那些叠染过肉色略深的凹边，也因为时光变成黑粗的轮廓线，所以给人以几分粗犷写意的感觉。

千佛图 **P063**

维摩诘　莫高窟 103 窟　东壁　盛唐（临摹）

清秋 白露 三候·群鸟养羞

"出新意于法度之中，寄妙理于豪放之外。"
——《书吴道子画后》宋 苏轼

吴带当风

唐代吴道子以善画佛像而闻名，据传吴道子在长安兴善寺当众表演画画的时候，长安居民，扶老携幼，蜂拥围观，当看到吴氏"立笔挥扫，势若旋风"，一挥而就时，无不惊叹。吴道子人物画的独特风格，对中国民间绘画艺术起到了承前启后的作用，标志着外来画风的结束，中原新风格的确立。

吴道子的佛教绘画被认为是一种新的标准和法式，所以被称为"吴家样"。与前朝顾恺之精细而紧密的"游丝描"相反，吴道子的线条粗细、轻重、快慢有多样变化而又和谐统一。吴道子所创造的波折起伏、错落有致的"兰叶描"，加强了描摹对象的分量感和立体感，突出了人体曲线和自然的结合，所画衣带如被风吹拂，人称"吴带当风"（后人也用这一成语来指高超画技与飘逸的风格）。

"兰叶描"大量出现在唐代敦煌壁画中，敦煌画师们在魏晋南北朝的绘画技法基础上，将线条的韵味、柔美与刚挺加以发展，使得绘画更加出神入化。

如何理解"吴家样"的历史影响力？

吴家样在中国古代艺术史上起到了划时代的作用。一方面，吴道子笔下的人物形象已经完全摆脱了西域和印度等外来人种的相貌，而代之以唐代社会各阶层的真实人物，从而给中国观者以更亲切的感受。另一方面，吴道子相对减弱了色彩的运用，仅以清淡的色彩轻晕薄染突出线描的表现力。后世画家在此基础上进一步淡化，就是我们熟悉的"白描"。宋代画家李公麟更把"白描"发展成为一种正式的创作形式。

"第一辩手"维摩诘菩萨 **P045**

千手千眼观音　莫高窟 003 窟　主室北壁　元代（临摹）

| 清秋 帝日 |
| 白露 三候·群鸟养羞 |

"曹衣出水，吴带当风"
——《图画见闻志》宋 郭若虚

曹衣出水

在绘画史上，有"曹衣出水，吴带当风"的说法。"曹衣出水"，指的是画中人物的衣纹呈流线紧贴身体，好像人物刚刚从水中出来一样。北朝的佛教绘画以西域画家曹仲达为标准样式，时人赞曰"曹之笔，其体稠叠，而衣服紧窄"。

早期敦煌壁画中流行于北朝时期的线描多为"曹衣描"。这一技法的特点是，用笔细而下垂，成圆弧状，线条极其流畅顺滑，讲求线之间的疏密排列变化。

"曹衣出水"与"吴带当风"哪一种更优秀？

具体来说，曹衣描是一种西域外来的造型风格和线描技法；而吴道子的线描以少胜多、以简驭繁，用这种潇洒飞动的笔势所画出的衣纹，迎风飘举，与前者形成鲜明对比。

无穷无尽的千手观音 P035

千手千眼观音　莫高窟003窟　主室北壁　元代（临摹）

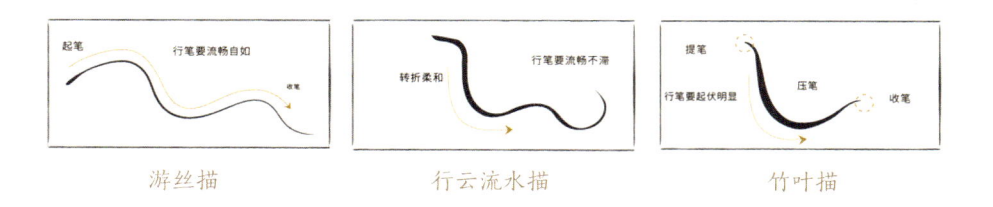

游丝描　　　　行云流水描　　　　竹叶描

常用线描技法

清秋 哲日 秋分 初候·雷始收声

"描法古今一十八等：高古游丝描、琴弦描、铁线描、行云流水描、马蝗描、钉头鼠尾、混描、橛头丁、曹衣描、折芦描、橄榄描、枣核描、柳叶描、竹叶描、战笔水纹描、减笔、柴笔描、蚯蚓描。"

——《绘事指蒙》明 邹德中

十八描

没有想到吧？今人看起来简简单单的线条，古人竟然总结出了18种表达方式。

线描在敦煌壁画中的作用至关重要，因为"以线造型"是中国画的基本特点。画家要用简练的线条来表达复杂的物象，根据使用线条的穿插、排列、组合，并结合提、按、顿、挫和墨色的浓淡对比来表现物象，可谓极为精细。

敦煌壁画中的线条，同时汲取了西域和中原的精华。从4世纪到14世纪，敦煌壁画各个时代都有不同的线描风格特征，如早期壁画中流行传自西域的铁线描，唐代流行具有吴道子风格的兰叶描，五代以后则出现了用笔劲健的折芦描等。

受壁画的时代、内容、绘画风格等限制，敦煌壁画中对"十八描"的绘画技法虽然未能尽现，但也可以看出中国画线描的发展轨迹。以这一幅密密匝匝的千手千眼观音为例，人物面部肌肤——圆润的铁线描，力士的肌肉——钉头鼠尾描，蓬松的须发——游丝描，厚重的衣裙——兰叶描，用线虽然丰富，却浑然一体，让人不由得对画师肃然起敬。

敦煌画师们为什么会演绎出这么多画法？

早期的敦煌壁画受印度、犍陀罗、西域艺术的影响较大，而随着中原画师的不断加入，敦煌画师们的主观能动性得到了充分调动，衍化出更多的艺术形式。敦煌壁画的创作，依赖于作画工具毛笔和液体颜料墨汁，画师们需要在直立的墙壁上速成线条。线条是最直接的造型语言。有了线条的改进，就会在画师群体之间发扬和传承。千年下来，就演绎出了这么多精彩的白描画法。

千手 莫高窟003窟 主室南壁 元代（临摹）

清明日秋
秋分 初候·雷始收声

"画人难画手。"
——俗语

千变万化的敦煌手姿

敦煌石窟艺术中,"敦煌手姿"以其灵动飘逸著称。在当代,人们透过这些手姿,能够体验到一种抚慰人心的美,具备治愈心灵的神奇力量。

在敦煌壁画的细腻描绘中,手部的刻画显得尤为关键。这些壁画中的手姿,不仅以线条巧妙地串联起各个元素,还蕴含着不同的寓意与情感,以简练的线条勾勒出独一无二的美感。

从历史时期来看,早期敦煌壁画中的手姿描绘简约而不失灵动,仅以数笔曲线构成;而到了中后期,手姿的表现则日臻完善,技艺越发炉火纯青。

从人物角色来看,手姿与身份相互映衬:诸如佛陀和菩萨的手沉稳而柔和,飞天乐舞者的手细腻而柔美,金刚力士的手则刚健有力。

莫高窟003窟的《千手千眼观音》,无疑是敦煌手姿中最耀眼的存在。南北两壁各有一尊千手千眼观音,周身环绕着四十余只姿态各异的大手,外围再绘七百余只小手,每只手中都嵌有一眼,象征着洞察一切的智慧。

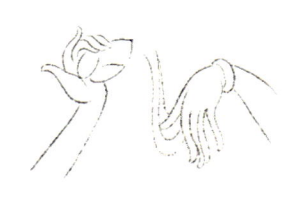

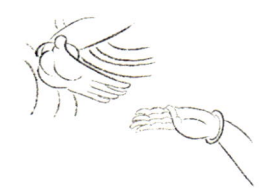

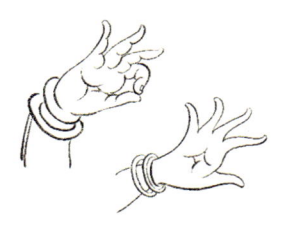

手姿为什么难画?

手姿被称为人的"第二表情",在人物的刻画中起着重要作用,其刻画难度并不亚于五官。而手作为身体上最为灵活的部分,拥有19个关节;想画好一双手,除了手本身之外,还要合理安排指、腕、臂等多个相关元素,妥善搭配姿势与饰物。

手印 P017

刺孔　　　　　　　　　扑粉

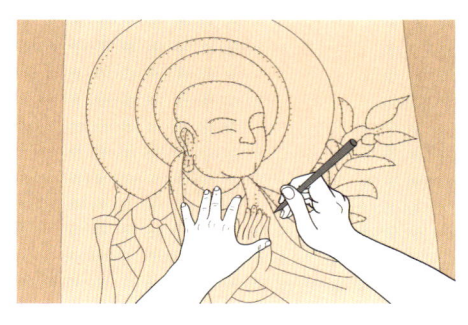

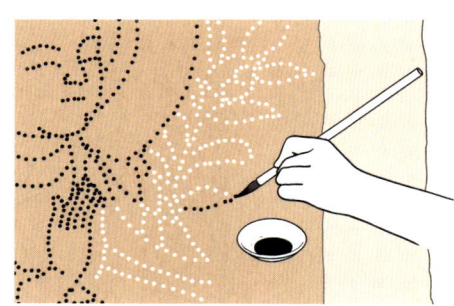

墨点　　　　　　　　　连线

粉本使用示意图

清秋 正日
秋分 初候·雷始收声

"古人画稿，谓之粉本。"
——《图绘宝鉴》元 夏文彦

粉本刺孔法

敦煌画师是如何完成那么多堪称繁复的敦煌壁画的呢？要知道，古代的敦煌并没有专业书籍和专业培训院校，直到五代才出现了敦煌画院这样的专业机构。除了靠师傅口传心授，敦煌画师们之间的"传移模写"还有别的方法吗？在藏经洞中发现了一种特殊画稿——粉本，部分解开了这个谜题。

这种原始的壁画复制技艺，被称为"粉本刺孔法"。画师们在构图环节会使用这种刺孔粉本，通过画稿的墨线上密布的小孔，把白垩粉（或高岭土粉）扑打在纸面，白垩粉就可以透过纸面留在墙壁上。然后用墨线把点连起来，就会形成与画稿一模一样的线稿。

面对鸿篇巨制的经典壁画主题，在解决面积大、难度高、画师技法不熟练等问题上，粉本这种工具展现了其便利性。

粉本使用起来虽然方便，但更多的敦煌画师还是选择自己学习和创作，这才成就了千姿百态的敦煌壁画。

粉本在哪个时期最受推崇？

粉本大规模应用于西夏时期。当时的西夏画师折服于古代的敦煌壁画，但由于缺乏艺术积累，以"模仿"为主导的壁画技艺在当时流行开来，于是粉本工具便大行其道。

白衣观音粉本示意图　莫高窟003窟　主室西壁　元代（临摹）

清秋 学日 秋分 初候·雷始收声

"一朽二落三成管"
——无名画师口诀

画诀和色标

画匠根据窟主的意愿，要对整个窟内各壁的绘画内容和题材进行总体规划，设计画稿。创作过程一般分为三个阶段：一朽，二落，三成管。第一步起稿，第二步勾线，第三步着色。

第一步，起稿。有娴熟绘画技巧的画师徒手在墙面上绘制草稿（通常是用毛笔蘸淡土红颜色，也有说用木朽子——一种用细柳条烧成的细炭条，直接在墙壁上勾画）；或者是按比例划分墙面起稿：事先画好的构图小稿按比例放大，如九宫格法；还有前面提到的粉本刺孔法。

第二步，勾线（又称"落墨"）。描线成形（也称为"定形线"），多由高手画工完成这一任务。按照草稿的轮廓勾墨线，遇有需要修改之处，在勾线过程中改正过来。

第三步，着色。一铺壁画常常需要很多人同时参加绘制，一般由主稿画师来安排整个墙面总体构图的布局和色调，其他画工按照主创的要求进行细致的描绘。画稿完成之后，师傅会直接写上色标（"色标"就是色彩的代号，是画师之间的色彩密码），画工们要按照师傅的要求填色。

有人整理过古代画工之间常用的色标暗号，譬如红色用"工"字代替，还有直接用数字来表达颜色的，如一代表米色（米黄）、二代表白青、三代表香色（茶褐色）、四代表粉红（玫瑰红）、五代表藕荷（紫色）、六代表绿、七代表青、八代表黄、九代表紫、十代表黑。

如何看待古代画工的这种交流和合作？

一幅大型壁画往往非一人所能完成，一幅完整的经变画需要多人配合，甚至需要数月乃至数年才能完成。这里面，既需要资深画师大刀阔斧地构图，也需要徒弟勤恳地描绘细节。主绘画师用代号注明在已勾好墨线人物身上的颜色之后，助理画工便可按照代号把各种不同的色彩分别涂上去，免得每部分都跑去问师傅。画工们的协作，类似于我们今天熟悉的"流水作业"，是劳动人民的智慧体现。

如何成为一名敦煌画师？P207

故新婦娘子翟氏供養

新婦娘子閻氏供養

姪女小娘子出適李氏

清秋 平日 秋分 初候·雷始收声

"……归义军节……西平王曹元忠供养"
——莫高窟437窟题记

榜题

要准确了解敦煌壁画中人物的身份，除了通过观察画面进行推测之外，壁画旁边的"榜题"文字也是极其重要的线索来源。所谓"榜题"，通常是指壁画旁边用来解释或说明壁画内容的文字。这些文字不仅为研究者提供了关于壁画主题和人物身份的直接信息，而且对于理解古代敦煌的宗教信仰和文化习俗具有不可替代的价值。

在敦煌莫高窟的壁画中，最早的榜题可以追溯到北魏时期。这些早期的榜题内容相对简单，通常记录的是供养人的姓名或法号，例如"某某某一心供养"，这样的记录反映了当时人们对于佛教的虔诚态度和供养行为。

随着时间的推移，榜题的内容逐渐丰富起来。到了晚唐时期，榜题不仅记录供养人的姓名，还可能包括他们的官职、家族背景、甚至个人的功绩和成就。这样的变化反映了社会结构和文化观念的演变，同时也显示了供养人希望通过壁画来展示自己社会地位和家族实力的愿望。

莫高窟的壁画中，保存了七千余条供养人榜题。这些榜题、和壁画一样，是研究古代敦煌社会历史的宝贵资料。

故新妇娘子翟氏供养

除了供养人榜题之外，还有其他榜题吗？

还有一类为介绍绘画内容的"画题"，如在敦煌壁画《五台山图》中就有介绍各寺院的名称，当年梁思成先生就是依据画题找到了深藏于五台山中的大佛光寺。

支撑体 地仗层 颜料层

壁画结构示意图

清秋保日

秋分 二候·蛰虫坏户

"三沙六土一分灰"
——泥板制作古法

地仗层

绘制壁画的墙面，在古代被誉为"画壁"，敦煌画师便是最早的"面壁人"。与后世画师在纸或绢上细心描绘不同，敦煌画师当年挑战的是一块宽阔而光线昏暗的立壁，难度之高，堪比五星级别。

除此之外，画师们并非在纸上挥洒丹青，而是在泥壁上施展技艺。由于莫高窟的石崖为沙砾岩（一种由岩石、砾石、沙土等混合而成的松散材料，不宜直接作画），敦煌画师们必须先打造一层坚实的泥土基础（这层基础被称为"地仗层"）。

在凹凸不平的沙砾岩壁面上制作地仗，首先需铺设一层粗草泥，将沙土与麦秸草混合后，均匀涂抹在洞壁的砾石岩面上；待粗草泥层干透，再以莫高窟前宕泉河河床的澄板土，混合麻丝和泥，覆盖于粗草泥层之上；最后，在细泥层表面涂刷一层极薄的高岭土、石灰或石膏粉末。完成这三道工序后，方才动手绘制壁画。

普通的泥可以用来做地仗层吗？

敦煌画师所用的泥并不寻常。在莫高窟的前面有条河，被称为"宕泉河"。平时是一条小溪，涨水季会变成宽阔的河流。宕泉河水不仅可以为画师和僧人提供基本的生活保障；河边的泥土常年受到冲刷，质地细密，又被称为"澄板土"，很适合作为壁画的基层和泥塑材料。

3 少有人知的"泥本临摹" P165

水月观音　榆林窟002窟　西壁　西夏（临摹）

秋分 二候·蛰虫坯户

清至秋日

"莫兰迪无疑是最接近中国绘画的欧洲画家了。他把笔墨俭省到极点。他的绘画别有境界。在观念上同中国艺术一致。"

——法国画家 巴尔蒂斯

中国古代的莫兰迪色

你应该听说过"莫兰迪色"。这种饱和度不高的灰色调能为画面带来莫名的高级感，发明人为20世纪初的意大利画家莫兰迪。

其实，早在一千多年前的敦煌壁画中就存在着和莫兰迪色同样高级的"神仙级别"配色。古代敦煌画师热衷于将多种颜色进行配置，我们大致可以总结出以下几种颜色使用的规律：艳丽多彩的"红绿蓝"配色，清新淡雅的"蓝绿"配色，简单纯粹的"黑白"配色，神圣高贵的"金色"点缀。

从现代色彩学的角度来看，我们可以把敦煌壁画配色方式大体归为三种。

第一种是同色系配置，这类色彩配置在敦煌早期的石窟壁画中较常见。由于壁画年久变色，整个画面效果有一种深沉、古朴而粗犷的感觉。

第二种是对比色系配置，以强对比色为主，强烈的色彩碰撞使得画面具有震撼力，又能通过其他配色方式变得和谐统一，深沉内敛。

第三种是相近色系配置，画师使用相近颜色绘图，使得画面富有变化又不失雅致。

敦煌壁画中的灰调是什么原因？

敦煌壁画中大部分颜料来自天然矿物质，由于当时的提炼工艺水平不高，所以色彩纯度往往较低。这种工艺的阴错阳差，让敦煌壁画会呈现出一种"高级灰"色调，和莫兰迪的高级灰可以说有着异曲同工之妙。

鹿王本生图（局部） 莫高窟 257 窟 西壁 北魏（临摹）

清秋 神日

秋分 二候·蛰虫坯户

"独鸟冲波去意闲，瑰霞如赭水如笺。"
——《浣溪沙·独鸟冲波去》 清 朱孝臧

热烈温暖的"红"

《说文解字》曰："赭，赤土也。""赭"指的就是赤红色的土地（因泥土含有氧化铁元素，会呈现红色）。赭土，最早出现在原始社会时期的岩画，人们将动物的血混入赭土中用作绘画颜色（因为赭色近血色，所以古人又常以赭色涂面以作祭祀之用）。

土红是红色中较为沉稳发暗的一种，在敦煌早期的壁画中使用量大。敦煌早期（北朝至隋朝）石窟中经常以大面积土红为底色（又被称为"大地色"），以这种色调来统摄整个洞窟。

需要说明的是，土红和铁红二者化学成分基本相同，都是氧化铁（Fe_2O_3），但颜料分类却不同。随着 Fe_2O_3 含量的增加，土红的颜色会逐渐变深，红色的着色力和遮盖力也会增强。

色块　　　　　　　　　矿石颜料

土红会带给人们什么样的感受？

当人们进入以大面积土红色为底色的敦煌石窟中，就会被厚重的红色主调包围。土红色象征着热烈的生命精神，搭配青绿、土黄等朴素的色彩，加上早期新奇的题材，会带来温暖而又有几分刺激的感觉。

1 九色鹿故事的渊源 P006

青绿山水　莫高窟217窟　主室南壁　盛唐（临摹）

清秋 圣日

秋分 二候·蛰虫坯户

"螺青点出莫山色，石绿染成春浦潮。"
——《旅游》 宋 陆游

只此青绿的"绿"

　　《只此青绿》的节目灵感，来自北宋的天才少年王希孟的传奇之作《千里江山图》。殊不知，这种丰富而鲜亮的青绿山水技法，源自敦煌。

　　青绿山水的色彩颜料分为两类，石青（蓝色）和石绿（绿色）。石绿的矿物来源是孔雀石（因其"色理似孔雀毛羽"而得名，其浓淡相间的花纹非常像翠绿色的孔雀羽毛），属于宝石类矿石（除孔雀石外，其他绿色颜料还有氯铜矿，因为氯铜矿可以人造，所以用量最多）。石绿是敦煌壁画中常用的绿色颜料，常用来表现山峰和植物。根据其颗粒的粗细不同，按照深浅程度又分为"头绿、二绿、三绿、四绿、五绿"，其中头绿的颜色最深，矿物质的颗粒最粗糙，然后依次变细。

色块　　　　　　　　　　　矿石颜料

绿色颜料在中国绘画史上的地位如何？

　　从战国到南北朝时期，青色、绿色在儒家传统的色彩观中并不受重视。而敦煌受西域画风的影响，早期壁画多以石青、石绿的冷色调为主调，进而影响了中原传统绘画，进一步促进了"青绿山水画"的产生。

色相如天的"青" P255

普贤菩萨（榆林窟 003窟）西壁 西夏（临摹）

清与秋日

秋分 二候·蛰虫坯户

"青金石色相如天,或复金屑散乱,光辉灿灿,若众星丽于天也"
——《石雅》

色相如天的"青"

青出于蓝而胜于蓝。这里的"蓝"多指蓼蓝(可以熬制出蓝色颜料的植物),而"青"是从蓝中提取的精华部分(尤其浓厚深沉的蓝)。

而敦煌壁画中的青色并非来自植物,而是来自矿石。"青金石"这种不透明(或半透明)的蓝色准宝石主要产自中亚,非常昂贵。

唐代石窟中,往往会以明亮的天空蓝为底色来描绘天空(青天),宛如"缥缈霓裳飞碧空"。这种亮丽的颜色通常来自青金石。

除了青金石,画师们常用的青色颜料还有石青(蓝铜矿、常与孔雀石共生、伴生,可以相互转化)。常见的石青根据其原料的粗细、色彩深浅,可分为头青、二青、三青和四青。

色块

矿石颜料

昂贵的青金石是如何成为敦煌壁画中的颜料的?

青金石通过丝绸之路从阿富汗传入中国,有幸成为敦煌壁画的颜料原材料,也是古代东西方交流的重要见证者。一方面,敦煌地处丝绸之路,近水楼台先得月。另一方面,依靠有实力的达官贵人、豪门望族的供养,运输青金石的商人也有可能成为敦煌石窟的供养人。

乐舞图　莫高窟 112 窟　主室南壁　中唐（临摹）

清 秋
道日
秋分 三候·水始涸

"粉壁为空天，丹青状江海"
——《观博平王志安少府山水粉图》 唐 李白

闪闪发光的"白"

白色，在中国画颜料中习惯地称为白粉，古人习惯用白色作壁画的底色（所以将壁画称为粉图、粉壁）。早期以高岭土为主，唐代以方解石为主，晚期以石膏为主，这些矿物都是比较常见之物，多半是就地取材。

莫高窟 112 窟是一个仅几平方米的方形小窟，著名的《反弹琵琶》壁画就绘于此窟南壁，而细心的参观者会惊喜地发现：透过洞口透射的微光，敦煌壁画上人物的肌肤会闪闪发光。这种银光闪烁的白色颜料，就是天然矿物质——云母粉。

因为云母在敦煌鸣沙山和莫高窟的崖岩沙石中较为常见，所以古代画工就地取材加工使用。这种细碎的石片，在画面上显色的反光效果极佳。

色块　　　　　　　　　　矿石颜料

敦煌壁画的白色颜料有蛤粉吗？

古代工笔重彩和壁画中，蛤粉是常用颜料，多用来敷设人物的肤色，以达到"粉妆淡抹"的色彩效果。但是敦煌壁画中却很少有蛤粉残留的踪迹，一方面可能是由于敦煌地处内陆，蛤粉相对比较难得；另一方面是因为随着时间的变化，蛤粉的分子结构早已变化，无从考证了。

反弹琵琶 莫高窟112窟 主室南壁 中唐（临摹）

清秋
秋分 · 三候 · 水始涸

"烟条涂石绿,粉蕊扑雌黄。"
——《裴常侍以题蔷薇架十八韵见示因广为三十韵以和之》 唐 白居易

信口雌黄的"黄"

敦煌壁画中的黄色颜料通常包括：土黄、石黄、雄黄、雌黄等。这四种黄色都有臭味，其中土黄最臭。

雌黄和雄黄是硫和砷的化合物，它们形影相随（形成的伴生矿石俗称"鸡冠石"）。二者分离后，雌黄呈黄色相，雄黄呈红色相。

"信口雌黄"中"雌黄"是指浅黄色。相较于今天我们使用的修正液大多是白色的，古人的"修正液"是黄色的（因为古人所用纸一般为"黄卷"，黄檗染纸以防虫）。因为雌黄正好是淡黄色，且很难溶于水，有很好的覆盖作用，所以古人将雌黄研磨成极细的粉末用来制作古代的"涂改液"，用雌黄涂改后修改痕迹并不明显。

色块　　　　　　　　　　矿石颜料

为什么敦煌壁画中使用黄色不多？

《太平寰宇记》中记载，甘肃敦煌县（今敦煌市）雌黄州以盛产品质上好的雌黄闻名。虽然是原产地，但是敦煌壁画中使用黄色较少。原因众说纷纭：学术观点认为，因为黄色多为皇家所用，所以平民画师向来慎用；当然也会有工艺上的考虑，当人们"在金笺上着雄黄，几个月后，金笺就会被烧得惨不忍睹了"；是不是还有一种可能，因为洞窟狭小，画师们无法长期忍受土黄的味道？

大势至菩萨　莫高窟057窟　主室南壁　初唐（临摹）

清秋 慈日 秋分 三候·水始涸

"洗尽铅华不著妆，一般真色自生香。"
——《鹧鸪天》宋 赵长卿

铅变万化的"黑"

敦煌壁画中我们常会看见有些菩萨的脸是黑的。起初并非如此，说起来敦煌壁画人物的"黑化"是一个漫长的过程。主要原因是当时使用的颜料被氧化了。

古人绘制皮肤的颜料里，常含有"铅"这种元素（如铅白、铅丹等）。今天，我们在敦煌壁画中看到的人物棕黑色的脸部应该是铅粉绘制的白色，棕色则是铅白或铅丹与其他颜料调和而成的肉红色。

莫高窟地区气候干燥，紫外线辐射强度大，日照与氧化是加速铅颜料变色的重要因素。除此之外，湿度变化也会使含铅颜料色彩发生变化；当空气中的少量硫化氢和其他硫化物与铅白接触，就会变成黑色的硫化铅。

在古代，铅白除了用来绘画，还有别的用处吗？

没有想到吧，铅白还是古人重要的化妆品之一。"洗尽铅华"这个成语的本意，就是洗去脸上涂抹的名为"铅华"（铅白）的化妆品。由于铅属于有毒物质，今天人们已经很少使用含铅的颜料或化妆品了。

观音菩萨　莫高窟 057 窟　主室南壁　初唐（临摹）

清秋 顺日
秋分 三候·水始涸

"金身虚像设，画壁尽尘昏。"
——《安隐寺诗》宋 苏洞

沥粉堆金的"金"

敦煌壁画中，艺术家们常运用极为珍贵的材料（如黄金）以彰显壁画主人公的尊贵，寓意着"以贵重来体现敬重"。

然而，要将坚硬的黄金转化为壁画中的颜料，并非轻而易举之事。一般而言，有两种方法：一是将金捶打成具有极高延展性的金箔；二是直接将其研磨成金粉使用。传统黄金设色技法涵盖了"涂金、描金、贴金、沥粉堆金"等多种手段。

以"沥粉堆金"为例，这种技艺常见于描绘菩萨、供养人的璎珞首饰。首先，用石灰（或白垩粉、高岭土）与胶水调和成糊状，盛入皮袋中，袋口上固定细管，如同制作蛋糕般挤压皮袋，沿着预先勾勒的线条挤绘出粗细均匀、凸出平面的立体线条，是为"沥粉"；其次，在已挤勾好的沥粉线上涂抹调配好的泥金，即成"堆金"。

左页画面中这位最美的菩萨，其身上的璎珞采用的就是"沥粉堆金"技艺，展现出与周边人物截然不同的华丽光彩，千年来始终吸引着世人的目光。

历史上人们为什么热衷于"为佛塑金身"？

虔诚的信徒中不乏地方家族、富商巨贾，他们愿意募捐财力来支持敦煌石窟的建设。在敦煌画师的绘画材料中，不仅会出现黄金，还会使用比黄金更昂贵的宝石，如青金石。敦煌画师一般用金来描绘佛的面容和身体，用青金石表现天空、光晕等，从而加强画面的庄严神圣感。

世界公认的最美菩萨 P025